비전공이지만
개발자로 먹고삽니다

비전공이지만 개발자로 먹고삽니다

초판 1쇄 발행 2023년 1월 2일
초판 2쇄 발행 2023년 11월 15일

지은이 | 반병현 · 이효석
펴낸이 | 김승기
펴낸곳 | ㈜생능출판사 / **주소** 경기도 파주시 광인사길 143
브랜드 | 생능북스
출판사 등록일 | 2005년 1월 21일 / **신고번호** 제406-2005-000002호
대표전화 | (031) 955-0761 / **팩스** (031) 955-0768
홈페이지 | www.booksr.co.kr

책임편집 | 최동진 / **편집** 신성민, 이종무
영업 | 최복락, 김민수, 심수경, 차종필, 송성환, 최태웅, 김민정
마케팅 | 백수정, 명하나

ISBN 978-89-7050-558-9 13320
값 19,000원

- 생능북스는 ㈜생능출판사의 단행본 브랜드입니다.
- 이 책의 저작권은 ㈜생능출판사와 지은이에게 있습니다. 무단 복제 및 전재를 금합니다.
- 잘못된 책은 구입한 서점에서 교환해 드립니다.

비전공이지만
개발자로 먹고삽니다

반병현 × 이효석 지음

비전공 개발자 취업/이직 완벽 가이드

생능북스

이 책의 독자를 위한 혜택 with inflearn

이 책을 구매하신 독자에 한하여 인프런을 통한 저자 직강의 온라인 강의 수강을 위한 할인쿠폰을 제공합니다.

* 쿠폰 사용법 안내
https://www.inflearn.com/coupons

쿠폰 ❶ : 〈한국인이 좋아하는 속도로 때려넣는 파이썬〉 저자 직강
* 코딩을 처음 배워보시는 분들께 적합합니다.

https://inf.run/WWfm

쿠폰코드 : 13475-a1272d63f730

쿠폰 ❷ : 〈한국인이 좋아하는 속도로 때려넣는 워드프레스〉 강의
* 코딩 없이 웹개발자의 업무를 체험해 보고 싶은 분들께 적합합니다.

https://inf.run/DeYJ

쿠폰코드 : 7577-3747ba760166

들어가기

이제는 주니어 개발자와 시니어 개발자가 된 이 책의 저자들은 소위 말하는 '컴퓨터 공학 전공자'가 아닙니다. 따라서 개발자의 길로 들어선 뒤엔 맨땅에 헤딩하며 수많은 시행착오를 겪기 일쑤였고, 그 과정에서 값진 경험과 결과를 얻었습니다.

이 책엔 저자들의 우당탕탕 개발자 적응기가 담겨있습니다. 어떤 방법으로 처음 코딩을 시작할지부터 성공적으로 이직 또는 취직하는 방법까지, 저자들이 경험하고 터득한 모든 방법을 공개했습니다.

아마도 이 책을 선택한 독자 중엔 저자들과 같은 상황에 놓인 분들이 많을 것으로 생각됩니다. 개발자를 꿈꾸지만 프로그래밍을 해본 적도 없고 전공과도 거리가 멀어서 '내가 과연 할 수 있을까?'를 고민하는 분들에게 이 책이 좋은 길잡이 역할을 해줄 것입니다.

같은 길을 걷는 동지로서 여러분의 앞날을 응원합니다. 감사합니다.

저자 반병현, 이효석 일동

이 책을 추천하신 분들

추천자분들에 대해

이 책의 준비단계에서 원고를 읽은 베타리더의 의견입니다. 보내주신 소중한 의견을 바탕으로 더 좋은 책을 만드는 데 많은 도움이 되었습니다. 이름을 노출하기를 원하시지 않는 분들은 익명으로 처리하였습니다.

추천의 말

개발자라는 직업에 관심이 가지만 막상 시작하려니 너무 어려울 것 같아 고민하는 분에게 추천합니다. 가장 궁금했던 부분들을 하나씩 설명해주며 개발자의 길에 한 걸음씩 걸어갈 수 있게 해줍니다.

— 직장인 최형철(인프라 엔지니어) —

개발자의 종류, 하는 일, 프로그래밍 언어의 종류와 특성, 공부 순서 등을 친절히 설명하고 있습니다. 곧 개발자가 되려면 무엇을 해야 할지 알게 될 것입니다.

— 대학생 홍승한 —

개발 공부를 시작하고 싶은데 뭐부터 해야 할지, 어떻게 공부할지 막막한 비전공자 분에게 추천합니다.

— 직장인 A —

여기 당신에게 필요한 내용들이 수록된 친절한 선배가 들려주는 주옥같은 이야기가 있습니다.

― 비전공자 신기훈 ―

개발자가 되려면 어떻게 시작해야 할지 방향성을 잡지 못한 분에게 추천합니다. 비전공자 개발자의 시선에서 바라본 개발자로서 준비하면 좋을 것들을 소개하고 있습니다. 하지만 전공자에게도 이 책이 도움이 된다고 생각합니다.

― 대학생 최유진 ―

아무것도 모르던 제가 개발 분야로의 이직을 준비하게 되면서 참 막막했습니다. 그러다가 마침 이 책을 보게 되었는데요. 개발자가 되기 위해 나아갈 방향을 잡아준 이정표 같은 책입니다.

― 취업준비생 C ―

처음 개발자로 직업을 준비하는 분, 막 컴퓨터공학과에 입학한 대학생들에게 추천합니다. 학부 때 이 책이 있었더라면 개발자로서의 방향을 정하는데 고민했던 많은 시간을 단축했을 것입니다.

― 취업준비생 김아름 ―

이 책은 술술 읽히면서도 꼭 필요한 내용으로 빈틈없이 구성되어 있습니다. 어떤 언어로 개발을 시작하면 좋은지, 비전공자로서 어떤 마음가짐을 가져야 하는지, 개발자의 종류에는 어떤 것이 있고 나와는 어떤 분야가 맞는지 등, 제가 처음에 고민했던 것들이 모두 들어 있습니다.

— 대학생 김하영 —

개발 공부에 관한 생각만 가지고 있던 분들의 실행력을 극대화해 줄 자극제이자 언어·분야별 장단점이 일목요연하게 정리된 안내서입니다. 이 책을 읽고 나면 명확한 목표를 세우고, 공부 방향을 잡은 자신을 발견하게 될 것입니다.

— 대학생 유승완 —

어려운 컴퓨터 용어가 아닌, 여러분의 눈높이에서 설명해주는 책입니다. 마치 '개발자 특강' 한 편을 들은 기분입니다.

— 대학생 권나연 —

이 책이 만들어지기까지

최형철, 홍승한, 송보람, 신기훈, 최유진, 이수정, 김아름, 김하영, 유승완, 권나연 님 등 10명의 베타리더 분이 수고해주셨습니다.

차례

Chapter 00 **아, 나도 개발자가 되고 싶다** 14
　월요일　15
　화요일　18
　토요일　21

PART 1 **개발자의 삶**

　Chapter 01 **저도 개발자가 될 수 있을까요?** 24
　　컴퓨터공학 비전공자도 개발자가 될 수 있나요?　25
　　개발자가 되려면 컴퓨터공학을 꼭 공부해야 하나요?
　　　29
　　독학만으로 개발자가 될 수 있나요?　33
　　개발자라는 직업에 비전이 있나요?　36

　Chapter 02 **개발자의 삶 엿보기** 40
　　개발자는 도대체 무슨 일을 하는 사람인가요?　41
　　개발자의 종류에는 어떤 것들이 있나요?　44
　　개발자의 특성　48
　　여러분이 개발자가 되어야 하는 이유　54
　　쉬어가기(개발자 괴담)　57

차례　**9**

Chapter 03 비전공자 개발자로 살아남기   62

    AR 개발자가 된 효석의 이야기   63
    CTO급 개발자가 된 병현의 이야기   71

PART 2 개발자가 되려면

Chapter 04 무엇을 공부해야 할까요?   84

    개발자는 어떻게 컴퓨터와 대화를 나눌까요?   85
    빅데이터로 살펴보는 프로그래밍 언어 선택 가이드
         90
    코딩계의 밀키트, 프레임워크!   101

Chapter 05 어떻게 코딩을 연습해야 할까요?   106

    나는 코딩한다, 고로 존재한다   107
    공부의 검증 문제은행 박살내기!   111
    방대한 지식의 바다에서 헤엄치기 : 구글링   116
    전 세계 개발자들의 아고라 : 커뮤니티 / 콘퍼런스   121
    개발자의 직업병 : 타인의 결과물 참고하기   126

Chapter 06 시행착오에서 배운 것들   130

    지금 알았던 걸 그때도 알았더라면   131
    이건 왜 안 해봤을까?   137
    그런 짓은 하지 말았어야 했는데   143
    이건 여러분도 꼭 해보길 바라요   151
    개발자 적성테스트   160

PART 3 개발자의 여러 직군

**Chapter 07 임기응변과 유연한 사고가
필요한 분야** **164**
프론트엔드 개발자 165
iOS 개발자 168
안드로이드 개발자 171
게임 개발자 174

Chapter 08 꾸준한 노력과 꼼꼼함이 필요한 분야 178
클라우드 개발자 179
상거래 플랫폼 개발자 182
임베디드 개발자 184
오픈 소스 개발자 187

Chapter 09 수학적 지식이 필요한 분야 **191**
서버 개발자 192
백엔드 개발자 195
데이터 과학자 198
보안 개발자 201

Chapter 10 마르지 않는 창의력이 필요한 분야 204
인공지능 개발자 205
UI/UX 개발자 208
콘텐츠 개발자 211
메타버스 콘텐츠 개발자 214

PART 4 선배 개발자들이 들려주는 솔직한 이야기들

Chapter 11 저도 할 수 있을까요? 220
어떤 언어로 공부를 시작하면 좋을까요? 221
학벌의 벽을 넘을 수 있을까요? 전문분야잖아요. 238
나이가 많은데 지금 시작해도 될까요? 241
대학원에 가서 제대로 배우는 게 유리할까요? 243
입문할 때 고른 기술이 향후 커리어와 연봉에
영향을 줄까요? 248

Chapter 12 교육비 요리조리 뜯어보기 252
학원 및 온라인 강의 플랫폼 253
무료 온라인 강의 알아보기 257
국비 지원으로 부담 없는 코딩교육 264
국비 지원 교육기관을 고르는 노하우 269

Chapter 13 선택의 기로에 선 개발자 277
금전적인 대우가 좋은 회사 vs
성장 가능성이 큰 회사 278
스타트업 vs 대기업 282
내가 잘하는 기술 vs 요즘 떠오르는 기술 287
PM 또는 기획자로 직무 바꾸기 vs
이직해서 개발자 계속하기 292

PART 5 좌충우돌! 개발자의 성장이란?

**Chapter 14 취직 이후에는
어떻게 커리어를 관리할까요?**   **300**

프로젝트가 곧 나의 이력서   301
떠오르는 기술을 선택하는 안목   307
동료들이 의지할 수 있는 든든한 거목으로   312

**Chapter 15 비전공자 딱지 위에
경력을 덧칠하며**   **316**

주니어 개발자가 꿈꾸는 나의 커리어   317
CTO 개발자가 바라는 성장하는 나의 모습   321

00
아, 나도 개발자가 되고 싶다

월요일

안녕하세요. 저는 30대 초반의 평범한 직장인 김 대리입니다. 적당한 학점과 적당한 토익 점수로, 적당하지 않은 경쟁률을 뚫고 사회인이 된 지도 벌써 5년이 되었네요.

5년 전, 친구들보다 조금 먼저 직장을 갖게 되었을 때는 제가 정말 대단한 사람인 것처럼 느껴졌어요. 어디 그뿐인가요? 불경기임

에도 한 직장에서 5년 동안 근무할 수 있었던 것도 행운이고, 수습 사원으로 시작해 대리가 된 것도 무척이나 감사한 일입니다.

무척 감사한 일상인 것도 맞고, 게다가 오늘은 무려 월급날인데! 쉬지 않고 울려대는 통장 잔고 알람을 보며 저는 또 한숨만 쉬고 있네요. 분명 조금 전까지 월급이 있었는데, 지금은 왜 없는 걸까요?

요즘 제 일상을 한마디로 표현한다면 '답답하고 답답하다'입니다. 찬장 위의 찻잔에 먼지가 쌓이듯 매일 조금씩 쌓여온 불만은 어느새 카펫처럼 두꺼워져서 제 마음을 짓누르고 있습니다.

매달 월급날이 되면 2백만 원대의 급여가 들어오기 무섭게 빠져나가고, 연봉은 3년째 제자리걸음인 데다 지난 명절에는 상여금마저 줄었습니다. 게다가 우리 회사는 강남에 있어서 밥값도 너무 비싸요. 점심 한 끼를 해결하는 데 만 원으로 부족할 때도 많습니다. 매달 몇만 원씩 붓는 주택청약 저축은 이번 생에 사용이나 할 수 있을지 의문이고 월세에 공과금, 자잘한 생활비까지 해결하고 나면 남는 건 또 한숨뿐이네요.

그런데 주위를 둘러보면 저만 빼고 남들은 다 잘사는 것 같아요. 회사 주변만 보더라도 값비싼 외제차들이 즐비하고, 얼마 전엔 제 친구도 외제차 사진을 인스타에 올렸더라고요. 열심히 공부해서 9급 공무원이 된 친구였는데, 공무원 월급이 그렇게 많은가? 깜짝 놀랐어요.

아니나 다를까 공무원 된 지 6개월 만에 퇴사하고 지금은 다른 일을 한다네요. 뭐랬더라? 온종일 앉아서 컴퓨터만 두드리는 직업이었는데, 잘 기억이 안 나네요. 오랜만에 전화나 한번 해봐야 겠습니다.

화요일

　퇴근 후에 판교로 향하는 지하철을 탔습니다. 공무원 그만두고 새 직업을 찾았다는 그 친구를 만나 저녁을 먹기로 했거든요.
　판교는 처음 와보는데 건물들도 으리으리하고 사람도 무척 많습니다. 아, 네이버가 판교에 있었네요. 엔씨소프트도 보이고 카카오도 있습니다. 우리나라 IT 회사는 전부 판교에 모여 있는 게 아닌가 생각될 정도입니다.
　조금 경직된 분위기의 강남과는 달리 복장이나 사람들 표정도 자유로워 보입니다. 제 옆에 있는 친구만 봐도 예전 모습과는 달리 생기가 돌고 여유까지 느껴져서 좋네요. 문득 이런 곳에서 일하면 행복하겠다는 생각이 들었어요.

공무원으로 일하며 FM으로 살던 친구가 어떤 계기로 어떻게 개발자가 됐는지 궁금했습니다. 솔직히 말하면, 다른 것보다 친구의 연봉이 너무너무 궁금했어요. 치킨 닭다리를 가만히 밀어주며 이것저것 캐물었는데, 정말 충격적인 정보를 말해주더군요.

회사 복지가 좋은 것은 말할 것도 없고, 연봉도 제 연봉의 두 배 넘는 금액을 받는다는 친구의 말에 입맛이 뚝 떨어졌습니다. 친구의 성공이 배 아파서가 아니라 지금까지 회사에서 아득바득 버텨온 제 모습이 떠올라서요. 화장실에 숨어서 화를 삭이고, 수당도 없는 야근에 시달리고, 밥값 한 푼 아껴보겠다고 전전긍긍하던 제 모습이 순간 너무 초라하게 느껴졌거든요.

뭐, 개발자는 우리나라를 IT 강국으로 만들어놓은 사람들이고, 앞으로도 꾸준히 촉망받을 직업이니 친구의 높은 연봉도 이해는 됐습니다. 안정적인 공무원을 그만두고 개발자로 진로를 바꾼 친구의 결단력이 새삼 대단해 보이기까지 했고요.

친구와 대화를 나눌수록 '어쩌면 나도 가능하지 않을까?'라는 생각이 들었습니다. 둘 다 컴퓨터공학과 상관없는 분야를 전공했고, 그래서 프로그래밍을 접해본 적도 없고, 성향까지 비슷한 친구이다 보니 저도 할 수 있을 것 같다는 생각이 들었거든요.

"더 늦기 전에 한 번쯤 시도해보는 것도 나쁘진 않아." 친구의 말에 조금 용기가 생겨서 밤이 깊어질 때까지 질문 공세를 이어갔습니다.

"취업 준비는 어떻게 한 거야? 학원? 독학?"

"운이 좋았어. 개발자 멘토 두 분을 알게 됐는데 그분들도 비전공자여서 엄청 도움을 받았거든."

비전공자 개발자 멘토라…. 왠지 그분들을 꼭 만나봐야 할 것 같은 생각이 들어서 남은 닭다리를 친구에게 쓱 밀어줬습니다.

토요일

드디어 오늘입니다. 친구를 개발자로 만들어 준 두 분과의 만남이요. 이 두 분도 컴퓨터공학 비전공자이지만 개발자로 활동하고 계신다고 합니다. 오늘 이분들의 비법을 골수까지 빨아먹을 각오로 나왔어요!

약속 장소에 도착했네요. 다녀와서 제가 배운 모든 비법을 알려드릴게요! 여러분도 함께 배워봐요!

PART 1

모두가 꿈꾸는 개발자 라이프

개발자의 삶

01 저도 개발자가 될 수 있을까요?
02 개발자의 삶 엿보기
03 비전공자 개발자로 살아남기

01
저도 개발자가 될 수 있을까요?

컴퓨터공학 비전공자도
개발자가 될 수 있나요?

IT 기업이 대세가 되면서 전 세계에 유례없는 개발 붐이 일고 있습니다. '개발자developer'라는 직군은 이제 어떤 산업에서도 빠질 수 없는 존재가 되어버렸습니다. 대기업들은 조금이라도 더 능력 있는 개발자를 구하기 위해 근무 환경도 파격적으로 개선하고, 경쟁하듯이 점점 더 많은 초봉을 제시하고 있습니다. 그리고 이 시류에 따르기 위해 많은 사람이 개발 공부를 시작하고 있지요.

그런데 코딩 교육이 대유행이라고는 하지만, 프로그래밍을 선뜻 시작하기에는 심리적인 장벽이 높습니다. 깨알 같은 코딩언어를 보며 뚝딱뚝딱 무언가를 만들어가는 개발자들을 보면, 나는 컴퓨터 관련 전공자도 아닌데 과연 저런 걸 할 수 있을까? 라는 부담감이 먼저 생깁니다. 그런 생각으로 이 책을 선택한 독자 여러분에게 먼저 인사 올립니다.

안녕하세요! 컴퓨터공학 비전공자 출신 개발자 이효석, 반병현입니다. 저희의 전공은 IT와 거리가 멉니다. 이효석 저자는 물리학을 전공하고 교직 이수를 한 물리 교사 지망생이었고, 반병현 저자는 바이오 뇌공학으로 학사와 석사를 마쳤습니다. 그리고 저희 둘 다 졸업 후에도 전공과는 관련 없는 일들을 많이 했습니다만, 돌고 돌아 지금은 둘 다 개발자가 되었습니다.

IT 관련 학과를 졸업한 프로그래머가 채용시장에서 더 귀한 대접을 받고 일할 수 있는 분야도 더 넓은 것은 사실이지만, 이에 맞추어 각 학교의 IT 학과가 단기간에 신입생을 늘려 인재를 양성하는 건 어렵습니다. 그러려면 많은 인원을 수용할 수 있는 건물도 당장 지어야 하고 교수진도 늘려야 하죠. 더 나아가 다른 학과와의 형평성이 맞지 않는다는 이유로 많은 항의를 받을 테고, 무엇보다 그렇게 신입생을 받는다고 해도 최소 4년은 지나야 개발자가 탄생할 것입니다.

또한 시대에 발맞추어 커리큘럼을 빠르게 재편하는 것 역시 사실상 불가능합니다. 학부든 대학원이든 전공자라면 그 수준에 맞는 공부가 있는데, 시대의 흐름을 따른답시고 다른 내용을 억지로 끼워 넣는다면 기존의 내용도 새로운 기술도 어정쩡하게 배운, 그야말로 이도 저도 아닌 결과만 나올 테니까요.

따라서 전공자가 아니더라도 개발자로 전직하여 일하려는 사람들이 충분한 능력까지 갖추고 있다면 거의 모든 기업은 두 팔 벌려 환영할 것입니다. 기업에 따라 인력을 감축하고 있는 상황에도 개발자 인력은 나날이 확충되고 있고, 심지어 연봉도 갈수록 높아지고 있죠. 언론사 추정에 따르면 카카오뱅크의 개발자 연봉은 1억 5,300만 원이 훨씬 넘고[1], 대체로 카카오 계열사의 개발자들이 삼

---

1   출처 : 인사이트코리아

성전자 직원보다 더 많은 연봉을 받는다고 합니다. 참고로 카카오 계열사의 개발자들이 이직할 때 제의받는 평균 스카우트 연봉은 8,800만 원이라고 합니다.[2]

하지만 모든 직업이 그렇든 개발자 역시 쉬운 직업이라고 말씀드릴 수는 없습니다. 오히려 개발자가 된 후에 수많은 어려움을 맞닥뜨릴 수도 있겠지요. 그래도 결코 도전하지 못할 분야라고는 생각하지 않았으면 합니다. 저희 역시 개발자가 되려는 과정에서 나름대로 고충도 있었고 어려움도 많았지만, 전공의 벽을 넘어 개발자로 살아남는 것이 불가능하지 않다는 말씀을 꼭 드리고 싶습니다.

---

2 출처 : 리멤버

개발자가 되려면 컴퓨터공학을
꼭 공부해야 하나요?

    IT 비전공자가 개발자가 될 수 있을지 고민하는 현실적인 이유는, 컴퓨터공학과에서 배우는 수많은 전공 지식이 필요하다고 생각해서일 것입니다. 비전공자는 사실상 기본 지식이 없는 상태에서 시작하는 만큼 많이 뒤처질 것으로 생각할 수밖에 없지요.

    물론 더 나은 개발자로 도약하려면 전공 지식을 모르는 것보다 아는 편이 낫습니다. 예를 들어, 하드웨어를 제어하려면 논리회로[3]나 CPU[4] 등을 알아야 하니 전자공학을 어느 정도 배워야 할 것입니

---

3   논리회로 : 논리의 흐름을 계산하기 위한 반도체 회로
4   CPU : 컴퓨터의 핵심 계산을 도맡아 처리하는 컴퓨터의 두뇌

다. 무엇보다 전공자들이 배우는 컴퓨터과학과 전산학은 하드웨어와 소프트웨어의 계산 시스템 구현이나 운영체제 설계 등 심층적인 문제에 불가결한 지식을 포함하고 있습니다.

하지만 이제 막 개발자가 되려는 사람이 전공지식이 꼭 필요한지를 묻는다면 "그건 아니다"라고 단언할 수 있습니다.

컴퓨터공학과에서 프로그래밍 언어를 다루는 것은 사실이지만, 실전 지식과는 거리가 먼 언어의 구조나 역사, 변천 과정 등을 먼저 배우게 됩니다. 그다음엔 자료구조와 알고리즘, 운영체제, 회로, 네트워크, 소프트웨어 디자인, 시스템, 보안, 웹 등의 이론적인 부분들을 다룹니다. 개발자 지망생들이 코딩 스쿨에서 배우는 내용과는 꽤 거리가 있죠. 바꾸어 말하자면, 프로그래밍 언어의 역사를 백날 공부하는 것보다 직접 코딩해보는 한 번의 과정이 실제 개발에 더 도움이 된다는 것입니다.

　또한, 전공지식이 있다고 해서 당장 개발 업무에 투입될 수 있는 것도 아닙니다. 실제로 프로그래밍을 배우고 싶어서 컴퓨터공학과에 진학한 학생들이 이내 학교에서 코딩을 가르쳐 주지 않는다는 것을 깨닫고 전공과 별개로 각자 코딩 공부를 시작합니다. 냉정하게 말해서 코딩은 과제나 프로젝트 같은 부차적인 곳에서나 접할 수 있을 뿐, 대부분 강의 시간에는 수학적인 부분이나 전산학을 다루는 데 시간을 할애합니다.

　이런 이유로 전공자들이 개발자로 취업한 뒤에 실전에 부닥치면 난색을 보이는 경우가 많습니다. 비전공자보다 기반 지식이 훨씬 깊은 것은 사실이지만, 조금 과장해서 말하자면 실전적인 측면에서는 잘 준비된 비전공자와 큰 차이가 없습니다. 또한 회사에서 원하는 언어를 새로 배워야 하는 경우가 많고, 이미 진행 중인 프로젝트에 투입되는 경우가 대부분이어서 전공자나 비전공자나 업무환경이 생소한 것은 마찬가지입니다.

새로운 기술은 끊임없이 생겨나고, 시대의 흐름에 맞추어 주력 언어나 도구를 수시로 바꿔야 하는 일도 빈번합니다. 따라서 개발자 지망생은 이제까지 무엇을 배워왔는지도 중요하지만, 앞으로 무엇을 배워나갈지가 훨씬 더 중요합니다.

독학만으로 개발자가 될 수 있나요?

앞에서 반드시 전공자가 아니어도 개발자가 될 수 있다는 것을 알아봤습니다. 그래도 아직 걱정은 남아있습니다. 코딩 공부를 시작하는 대부분 사람이 학원에서 수업을 듣거나 튜터와 스터디를 꾸려서 같이 공부하던데, 코딩이란 걸 한 번도 경험해 보지 못한데다 독학해야 하는 상황에 놓인 사람들은 어떻게 시작해야 할지 막막하기만 합니다.

독학의 가장 큰 장점은 커리큘럼을 자유롭게 배치할 수 있다는 것입니다. 시간이나 장소, 과제, 성적 등에 구애받지 않고 가장 효율적인 자기만의 방법으로 공부할 수 있죠. 하지만 길잡이로 삼을 만한 것이 없고, 무엇보다 자문할 곳이 마땅치 않다는 게 가장 뼈아픈 현실로 다가옵니다. 특히 새로운 분야를 혼자서 시작할 때는 방향을 잡는 게 무척 어렵습니다.

다행히 개발 공부는 다른 분야보다는 독학하기가 훨씬 수월한 편입니다. 굳이 현장에 가서 수업을 듣지 않아도 됩니다. 온라인 강의도 많고, 심지어 유튜브 등에서 활동하는 코딩 크리에이터들이 무료로 지식과 소스 코드를 공유하기도 합니다. 또한 IT 입문서로 활용할 만한 책도 수백 권에 달합니다. 다시 말해 독학으로 프로그래밍을 배울 수 있는 수단은 과할 정도로 넘쳐난다는 뜻입니다.

하지만 이렇게 다양한 강의와 책도 여러분의 목표를 대신 결정해줄 수는 없습니다. 여러분이 어떤 방향으로 가고 싶은지 스스로 정하는 게 가장 중요합니다. 그래야 본인의 목표를 위한 의미 있는

행위들이 따라올 수 있습니다. 따라서 각 분야의 개발자들이 실제로 어떤 일을 하는지, 그중에 내가 가장 하고 싶은 일이 무엇인지를 먼저 찾아보고, 그 직군이 최근에 어떤 프로그래밍 언어와 프레임워크[5]를 가장 많이 사용하는지 확인하는 것이 좋습니다.

그다음 커리큘럼을 정할 때, 처음 개발을 공부하는 분이라면 책이나 강의의 목차를 먼저 확인해 보기 바랍니다. 실전 위주로 빠르게 익혀나가는 걸 원한다면 과정을 압축해 놓은 강좌를 선택해야겠지만, 시간적인 여유가 있다면 기본적인 부분부터 시작하는 것이 좋습니다.

결론적으로, 공부를 시작하기 전에 본인의 진로를 선택하는 시간을 충분히 갖고 그에 맞추어 차근차근 기초를 쌓는다면 독학만으로도 개발자가 될 수 있습니다.

---

5   프레임워크(framework) : 빨리 코딩할 수 있도록 돕는 일종의 도구

개발자라는 직업에
비전이 있나요?

　이 질문을 진지하게 하는 사람은 거의 없으리라 생각해도 좋을 만큼 현재 '개발자'라는 직업은 필수 인력이라는 것을 누구나 알고 있습니다. 여러분이 어느 곳에 가든 프로그래머의 영향에서 벗어날 수 없다는 말입니다. 멀리 갈 것 없이 개발자들의 5대 직장이라 불리는 '네카라쿠배(네이버, 카카오, 라인, 쿠팡, 배달의 민족)'만 생각해봐도, 인공지능 연구원에서부터 자영업자까지 어지간한 직종은 모두 엮여 있습니다.

　이런 시대의 흐름 덕에 최근에는 선례를 찾아볼 수 없을 만큼 개발자에 대한 수요가 높습니다. 최근 화두가 되는 키워드인 데이터, 네트워크, 인공지능 등과 관련된 일자리는 향후 10년간 12% 이상

증가할 것으로 전망하는 분석 결과도 있습니다. 이 추세는 IT 산업이 그리는 미래의 특성상 점점 늘어날 가능성이 큽니다.

미국의 직장 평가사이트 글래스도어Glassdoor에서 2022년에 발표한 올해 최고 직업 Top 10[6]에서 IT와 연관된 직업군만 10가지 중 8개를 차지할 정도입니다.

미국 최고 직업 Top 10(2022년)[7]

순위	직업명	연봉(중간값)
1	엔터프라이즈 설계자	1억 8,700만 원
2	풀스택 개발자	1억 3,100만 원
3	데이터 과학자	1억 5,500만 원
4	데브옵스[8] 개발자	1억 5,500만 원
5	전략팀 매니저	1억 8,100만 원
6	머신러닝 개발자	1억 6,800만 원
7	데이터 개발자	1억 4,700만 원
8	SW 개발자	1억 5,100만 원
9	자바 개발자	1억 3,800만 원
10	제품 관리자	1억 6,200만 원

---

6 글래스도어의 직업 순위는 기본 연봉의 중간값, 직업 만족도, 구인 횟수의 3가지 요소를 동등하게 평가하여 순위를 매김

7 출처 : 글래스도어(https://www.glassdoor.com/List/Best-Jobs-in-America-LST_KQ0,20.htm)

8 데브옵스(DevOps) : 개발자와 운영자의 소통, 협업 및 통합을 증진

모두가 이런 예측을 하기에 정부 차원에서 개발자를 길러내려는 움직임도 세계 각지에서 보입니다. 우리나라도 최대한 많은 사람이 개발자로의 역량을 기를 수 있도록 소프트웨어 중심대학도 설립하고 국비교육과정도 무상으로 제공하고 있습니다. 심지어는 초·중등에서 코딩 교육을 의무 교육으로 지정했을 정도입니다.

정부가 이 정도로 열을 올리며 투자하려는 움직임을 보이는 이유는 개발자가 21세기 최대 고부가가치 업종일 뿐만 아니라, 분야를 막론하고 산업 전반의 근간을 구성하고 떠받치는 역할을 하고 있기 때문입니다. 1·2차 산업에서 생산에 필요한 기기를 제어하고, 생산량을 분석하거나 설비를 제어, 물류의 흐름 파악, 3차 산업에서 이용자 현황이나 트렌드 파악, 사용자 만족도 조사 등의 정보 추출을 위한 빅데이터 분석, 심지어는 서비스 그 자체까지도 개발자의 손을 거치지 않고서는 불가능한 지경에 이르렀습니다.

이처럼 여러 방면에서 강력한 역할을 수행하는 필수 인력으로 인식되다 보니, 불황 속에서도 개발자를 찾는 수요는 끊이지 않고 있습니다. 심지어 '개발자 모시기 전쟁'이 과열되어 실력 있는 개발자는 연봉 협상에서도 우위를 점합니다.

앞으로도 개발자의 수요는 점점 늘어날 것이고, 이에 따른 회사들의 채용 전쟁도 계속될 것이므로 개발자의 비전은 개인이나 사회적인 측면에서도 밝을 전망입니다.

베타리더의 의견

개발 공부 시작을 망설인 이유는 '비전공자인 내가 과연 할 수 있을까?'라는 생각 때문이었습니다. 전공자가 아니어도 할 수 있다는 현실적인 이야기에 자신감이 생겼습니다.

– 직장인 A –

개발자가 되기로 마음먹었을 때 생길 수 있는 의문들을 해결할 수 있었어요.

– 대학생 최유진 –

'개발자'라는 직업에 관심 있는 비전공자인 친구들이 전공자인 저에게 하던 질문들이 모두 담겨있습니다. 비전공자인 분들에게 특히 도움이 될 것 같습니다.

– 취업준비생 김아름 –

독학으로 어떻게 공부를 시작해야 할지 막막했는데, 이 챕터에서 가이드를 제시해서 큰 도움이 되었습니다!

– 대학생 김하영 –

02 개발자의 삶 엿보기

개발자는 도대체
무슨 일을 하는 사람인가요?

포털사이트나 각종 커뮤니티, 뉴스 기사, 취업 정보 앱을 봐도 온통 코딩 교육 열풍에 관한 이야기입니다. 개발자의 초봉이 이슈가 되고 심지어 유튜브 알고리즘도 어느새 나를 개발직군 이야기로 끌고 갑니다.

하도 여기저기서 개발자에 대한 얘기가 나오다 보니 무척 핫한 직업인 건 알겠는데, 정확히 뭘 하는 사람들인지 감이 안 잡히는 분도 계실 겁니다. 그래서 본격적인 내용으로 들어가기에 앞서, 개발자가 대체 뭘 하는 사람인지 짚고 넘어가겠습니다.

짧게 간추리면 위에 나온 포털사이트, 커뮤니티 사이트, 언론사 사이트, 취업 정보 앱, 유튜브 사이트와 유튜브 앱, 유튜브 추천 알고리즘까지 모두 개발자가 만들었습니다.

앞의 예시에서만 벌써 웹 개발자, 앱 개발자, 알고리즘 개발자 등 굉장히 다양한 직군이 나왔습니다. 만약 여러분이 이 책을 서점 키오스크에서 검색했다면 그 키오스크의 검색 프로그램, 책 추천 알고리즘, 심지어 키오스크가 돌아가는 운영체제까지 모두 개발자가 만들었습니다. 키오스크에서 책값까지 결제했다면 결제 데스크의 컴퓨터도 예외가 아니겠지요?

어느 분야든 똑같지만, 개발자들은 알게 모르게 우리 삶에 이미 깊숙이 관여하고 있습니다. 뒤에서 좀 더 정확히 다루겠지만, '개발자'라는 직업 안에 굉장히 다양한 직군이 포함되어 있어서 한 단어로 모든 것을 표현하기는 어렵습니다.

하지만 굳이 축약해보자면, 개발자는 여러분이 사용하는 프로그램들을 설계하고, 설계도를 실제 작동하는 제품으로 구현해내는 사람들입니다. 또한 컴퓨터로 문제를 해결하기 위한 논리적인 해법을 제시하고, 이를 설계하고 실제로 시험해보기도 합니다. 프로그래밍 언어를 통해 사람과 기계가 소통할 수 있게 해주는 통역사이자, 뜻대로 컴퓨터를 움직일 수 있게 하는 설계자이기도 하고, 이 전체 과정을 조율하는 관리자이기도 합니다.

개발자의 종류에는
어떤 것들이 있나요?

개발자에게 "뭘 개발하세요?"라는 질문은 요리사에게 "어떤 요리를 하세요?"를 묻는 것과 같습니다. 요리사만 해도 크게 한식, 중식, 양식, 일식 요리사 등이 있고, 식재료를 다듬는 사람, 그릴이나 불에 재료를 굽는 사람, 소스와 육수를 끓이는 사람, 메인 요리를 만드는 사람, 디저트 만드는 사람, 음식이 나가기 전에 검수하는 사람 등 수없이 세분화되어 있습니다.

개발자도 마찬가지입니다. 게임을 예로 들면, UX/UI[9] 개발자, 서

9
- UX(User Experience) : 서비스를 사용하는 동안 사용자가 느끼게 되는 모든 경험과 즐거움 등을 포괄하는 용어
- UI(User Interface) : 사용자의 명령을 입력받거나 사용자에게 정보를 표현하는 영역을 의미

버 개발자, 보안 개발자, 게임 회사 자체 엔진[10]을 사용한다면 엔진 개발자까지 각기 다른 분야의 개발자가 수십 명은 투입되어야 게임 하나가 완성될 것입니다. 똑같이 '개발자'라고 불려도 웹을 개발하는 사람, iOS 기반으로 앱을 개발하는 사람, 안드로이드 기반으로 앱을 개발하는 사람, 최근에는 자율주행이나 로봇, IoT 개발자들도 새로 추가되었으니 정말 다양한 부류가 있지요.

자세한 내용은 다음 챕터에서 서술하겠지만, 여러분이 가장 자주 접하게 될 형태의 개발자들을 일부나마 소개하겠습니다.

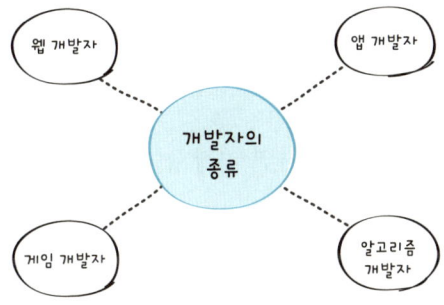

웹 개발자

여러분이 사용하는 웹사이트를 제작하는 사람들입니다. 크게는

---

10 게임 엔진 : 게임을 개발하기 위해 사용하는 도구로, 게임 제작에 필요한 다양한 기능들이 미리 탑재되어 있다.

사용자가 상호작용하게 되는 겉모습을 제작하는 웹 프론트엔드 개발자, 서버나 사용자 정보 등을 관리하거나 실제 동작에 사용되는 내부적인 로직을 작성하는 웹 백엔드 개발자로 나뉩니다.

웹 개발은 다른 분야에 비해서 진입장벽이 낮고, 수요도 많은 데다 응용할 수 있는 범위도 넓어 초보 개발자들이 가장 먼저 도전하게 되는 분야입니다.

앱 개발자

스마트폰에서 구동하는 애플리케이션을 개발하는 사람들입니다. 안드로이드나 iOS 운영체제에 따라 언어나 개발환경 등 생각할 요소가 다르므로 보통 별도의 개발자를 둡니다.

특수한 경우를 제외한다면 가장 친숙하기도 하고 진입장벽도 웹 개발 다음으로 낮은 편이기 때문에, 초보 개발자들이 쉽게 도전하는 분야 중 하나입니다. 안드로이드의 경우 자바Java, 코틀린Kotlin으로, iOS의 경우 스위프트Swift, 오브젝트 씨Objective-C로 개발합니다.

게임 개발자

모바일 기반 게임을 제외하더라도 게임은 구동되는 환경도 굉장히 다양하고, 게임의 성격에 따라 개발하고자 하는 방향도 매우 다릅니다. 또한 게임을 만드는 데 필요한 요소가 워낙 많은데다 전문적인 지식도 필요한 분야다 보니 게임 개발자 내부에서도 직군이 굉장히 다양합니다.

내부 로직 개발을 기준으로 생각한다면 파이썬Python의 경우 Pygame이라는 라이브러리를 사용하는 편이고, 유니티Unity나 언리얼 엔진Unreal Engine을 사용하는 분들이라면 C#이나 C++을 주로 사용합니다. 회사 차원에서 개발한 자체 엔진을 사용하기도 합니다.

알고리즘 개발자

알고리즘은 이제 일반인에게도 나름 익숙해진 단어입니다. 알고리즘은 소프트웨어 프로그램에서 보이는 부분이나 구동되는 로직 너머의 것들을 만드는 분야이므로 위에서 소개한 개발자와는 성격이 조금 다른 직군입니다.

알고리즘은 컴퓨터나 기타 장치가 하는 작업 자체나, 작업을 수행하는 효율적인 방식과 관련되어 있습니다. 한마디로 컴퓨터의 '지능'에 해당하는 것이지요. 그래서 수준 높은 수학 실력을 요구하기도 하고, 인간에겐 익숙하지 않은 저수준 프로그래밍 언어[11]를 다뤄야 하므로 초심자가 도전하기 위해서는 큰 노력이 필요합니다.

---

11 저수준 프로그래밍 언어 : 기계어나 어셈블리어가 대표적이다. 프로그램 실행 속도는 빠르지만 사람이 배우기에는 무척 어려운 언어이므로 프로그램을 코딩하기 까다롭다.

개발자의 특성

　드라마나 영화에 등장하는 대부분 개발자는 천재 또는 괴짜로 묘사됩니다. 체크무늬 남방 혹은 무채색 후드티를 주로 입고, 덥수룩한 머리에 거북목을 한 채 모니터를 들여다본다거나, 우수에 젖은 눈빛으로 창밖을 보며 커피를 마시다가 별안간 영감이 떠오른 듯 맹렬하게 키보드를 두드리는 캐릭터로 비춰집니다.

　음…. 그런데 이런 모습이 아주 틀린 것은 아니라 뭐라 반박할 수가 없네요. 네, 많은 개발자가 저런 모습인 것은 사실입니다. 이 책의 저자도 그렇고요. 이번에는 천재 혹은 괴짜로 비치던 개발자라는 존재들을 이해해 보는 시간을 가져보겠습니다.

① 논리적 사고가 밥벌이 수단입니다

 개발자는 출근해서 퇴근할 때까지 하루 종일 논리적 사고를 해야만 하는 사람들입니다. 컴퓨터를 설득할 수 있는 무결한 논리를 짜내야만 업무가 굴러가고 월급이 나오는 직업이지요.

 그러다 보니 개발자들은 간혹 지나치게 논리에 매몰되는 경향이 있습니다. 일반인의 눈에는 사소한 것으로 트집을 잡거나, 맥락을 못 읽는 사람으로 비치기도 하지요.

개발자 남편 심부름 대참사

 위 만화는 과장된 상황이긴 합니다만, 간혹 이처럼 제삼자의 시선에서는 받아들이기 힘든 기행을 벌이는 사람도 드물게 존재하지요. 작가의 군대 훈련소 시절 동기 중에도 이런 사람이 있어서 몹시 고생했던 경험이 있습니다.

이렇듯 논리에 집중하는 면모가 영화나 드라마에서 괴짜적 면모를 더욱 부각하는 장치로 과장되어 소모되곤 합니다. 하지만 그렇다고 마냥 허구의 모습이라고 하기에는 현실에서도 저런 분들을 많이 만나본 것 같네요.

만약 개발자로 취업하게 된다면, 간혹 다른 개발자와 대화 중 별것 아닌 일로 대화가 산으로 가다가 말싸움으로 번지는 것을 경험할 때가 올 것입니다. 이때 상대의 발언이 여러분을 공격하기 위함이 아니라는 사실을 다시 한번 떠올리시면 좋겠습니다.

② **반복되는 일을 싫어합니다.**

코딩에는 반복문과 함수라는 무척이나 강력한 기능이 있습니다. 이것들을 잘 사용하면 수백 줄짜리 코드를 몇 줄로 압축할 수 있습니다. 머릿속에서 감당해야 할 일의 양이 획기적으로 줄어들고 간소화되는 것이지요.

복잡한 문제를 간단한 문제 여러 개로 쪼개고, 단순화시킨 다음 해결하는 것은 개발자의 필수 덕목이자 가장 중요한 역량입니다. 그러다 보니 대부분 개발자는 반복되는 문제를 무척이나 언짢아합니다.

'아, 코딩이었으면 반복문 한 개로 다 끝낼 수 있는 건데.' 이런 생각을 하면서 말이지요. 따라서 개발자들은 계속해서 반복되는 업무를 싫어하고 답답해하는 경향이 있습니다.

③ 즉각적인 피드백에 익숙합니다.

"내가 짠 코드에 문제가 있을까?" 개발자들은 대부분 이런 질문에 대한 답변을 빠르게 얻을 수 있습니다. 코드 실행에 오랜 시간이 필요한 특수한 경우가 아니라면 엔터키를 누르는 즉시, 1초도 되지 않는 짧은 시간 내에 결과가 나오기도 하지요.

따라서 개발자들은 즉각적이고 빠른 피드백에 익숙한 사람들입니다. 엔터키만 누르면, 그 즉시 어느 부분에서 어떤 실수를 했는지 컴퓨터가 알려주니까요.

따라서 개발자들과 함께 일할 때는 문제를 에둘러 표현하기보다는 직접적이고 빠르게 알려주는 것이 훨씬 좋습니다. 어차피 매일 컴퓨터에게 혼나던 사람들이라 그런 일로 크게 상처받지는 않을 것입니다.

비슷한 맥락에서 성취감에 자주 노출될수록 개발자의 퍼포먼스가 좋아지는 편입니다. 만약 개발자 동료와 함께 일해야 하는 상황이라면 프로젝트의 목표를 잘게 쪼개어 하나씩 각개격파해 나가는 형태로 협업하면 좋은 성과가 나올 것입니다.

④ 항상 성장해야 합니다.

개발자는 기술을 다루는 사람입니다. 열심히 공부한 기술을 활용하여 돈을 버는 사람들이죠. 그런데 공교롭게도 IT 분야는 기술 발전이 가장 빠른 분야입니다.

내가 열심히 익힌 신기술은 조금 지나면 모두가 아는 기술이 되어버립니다. 거기서 몇 년 더 지나면 이미 낡은 기술이 되어버리고요.

따라서 개발자는 항상 공부해야만 살아남을 수 있는 직업입니다. 취업시장에서의 경쟁력을 위해 요구되는 성장이 아니라, 제자리에 머무르기 위해서도 꾸준한 성장이 요구되는 직종입니다.

⑤ 가진 것을 나눌수록 오히려 이득을 봅니다.

개발자들은 고생하며 익힌 나만의 노하우를 다른 사람과 적극적으로 나누기 위해 노력하는 사람들입니다. 다른 분야의 기술직들은 내가 고생해서 익힌 노하우를 알려주기 싫어하는 경향이 있는데 개발자는 정반대지요.

주변 사람들을 도와주며 기쁨을 느끼는 개발자들도 있겠지만, 보다 직접적인 동기가 있습니다. 개발자들 사이에서는 명예가 무척이나 중요하고 소중한 자산이기 때문입니다.

내가 만들어 무료로 공개한 소프트웨어를 전 세계 사람들이 앞장서서 사용해 주고, 칭찬해 준다면 어떨까요? 단순히 기분이 좋은 것에서 끝나는 것이 아니라 '월드 클래스 개발자'라는 타이틀을 갖게 되는 것입니다. 이 얼마나 멋진 일일까요?

스택 오버플로Stack Overflow나 깃허브GitHub와 같이 개발자들이 많이 사용하는 커뮤니티에서는 '내가 공개한 자료가 얼마나 많은 사람의 주목을 받았는지'를 정량적인 지표로 알려줍니다. 어찌 보면 나의 경쟁력을 숫자로 바로 알려 주는 것이나 다름없지요.

이런 점에서 개발자들은 커리어 성장을 위해, 명예를 쌓기 위해서 더더욱 열심히 자기만의 노하우를 남들에게 알려주려 노력하는 사람들입니다. 이러니 IT 분야의 발전 속도가 다른 산업과는 비교할 수 없을 정도로 빠를 수밖에요.

여러분이 개발자가 되어야 하는 이유

개발자라는 직업이 워낙 '핫'하다 보니 여기저기서 들려오는 소식이 많습니다. 6개월간의 국비교육과정을 수료한 뒤 높은 연봉을 받고 취직에 성공했다는 이야기, '네카라쿠배'로 대표되는 IT 기업들이 고액의 연봉을 주며 개발자를 모셔가고 있다는 등의 이야기가 심심치 않게 들려오고 있습니다.

이쯤 되니 개발자가 높은 연봉을 받는 비전 있는 직업이라는 것은 알겠습니다. 또한 수요가 많아 이직이 쉽고, 소위 '백수'로 도태되지 않는 직업이라는 것도 알겠고요. 그렇다고 지금까지 열심히 공부한 전공 지식을 모두 포기하면서 도전해볼 만한 가치가 있는 직업인지 의구심도 듭니다. 우리가 이런 위험을 감수하면서 개발자가 되어야 하는 이유가 있을까요?

저자는 경제적·직업적 안위를 모두 제쳐두고, 시대의 흐름에 뒤처지지 않기 위해서라도 더 많은 사람들이 개발자가 될 필요가 있다고 생각합니다. 전업 개발자가 아니어도 좋습니다. 본업이 따로 있더라도, 코딩을 배워 언제 어디서든 1인분의 몫을 해낼 수 있는 개발자가 되는 게 좋다고 생각합니다. 당장 이직하지 않더라도 말입니다.

본업이 있더라도 개발자로서의 역량을 갖추고 있다면 중요한 순간에 생존하거나 마음 내킬 때 이직할 수도 있을 것입니다. 게임으로 비유하자면 '직업 변경권'이라는 티켓을 한 장 품고 있는 셈이지요.

또한 저자는 컴퓨터 게임을 하며 자란 세대입니다. 기술의 변화에 비교적 익숙하게 대응할 수 있는 편이죠. 그런데도 급격히 바뀌어 가는 미래의 모습이 두렵습니다. 대형마트의 셀프 계산대 앞에 항상 직원이 서 있는 모습을 보며, 누군가에게는 익숙한 기술의 변화도 다른 누군가에게는 반드시 도움이 필요한 영역일 수도 있겠다고 생각합니다.

이와 비슷한 예로 저자는 요즘 초등학생들이 좋아하는 가수가 누군지 모르겠습니다. 또 스마트폰으로 어떤 애플리케이션을 주로 갖고 노는지도 모르겠고요. 이미 콘텐츠, 소프트웨어적 트렌드에서 뒤처지기 시작했다는 이야기입니다. 지금 초등학생들이 돈을 벌기 시작할 무렵이 되면 시장의 트렌드도 지금보다 훨씬 젊어질 것입니다. 20년 뒤의 미래에는 더욱 복잡해진 기술로 인해 누군가의 도움 없이는 일상을 살아가는 게 불편하지는 않을까 벌써 걱정됩니다.

그나마 개발자라는 직종은 이런 고민과 거리가 먼 사람들입니다. 상용화가 완료되고 뉴스에서 뒤늦게 이슈가 되는 기술 대부분은 개발자 커뮤니티에서 최소 5년 전에 이미 이슈가 되었던 것들입니다. 바꿔 말하자면 동종업계 사람들의 이야기에 귀만 기울이고 있어도 5년은 앞서나갈 수 있다는 이야기입니다.

AI의 등장으로 많은 직업이 사라지더라도 '개발자'라는 직업은 비교적 안전할 것으로 생각합니다. 새로운 형태의 기기가 도입되려면, 어찌 됐든 새로운 소프트웨어가 필요하기 때문입니다. 따라서 개발자는 자신의 노력으로 시대의 변화라는 리스크를 거스를 수 있는 유일한 직종이 아닐까 생각합니다.

쉬어가기
(개발자 괴담)

앞장에서 흔히 '개발자'로 묘사되는 이미지를 알아봤습니다. 어디선가 개발자들을 마주친 분들이라면 개발자들은 카페인 중독에, 언제나 버그 문제로 머리를 싸매고 있고, 무언가 빼곡하게 쓰여 있는 모니터를 하염없이 쳐다보고, 이상한 무늬가 있는 티셔츠와 슬리퍼 차림으로 새로운 모바일 기기에 환장하는 가엾은 '너드'들이라고 생각할지도 모르겠습니다. 개발자들은 이런 편견에 언제나 정면으로 조목조목 반박하고 싶지만, 안타깝게도 오늘도 야근이라 그럴 시간이 없습니다.

그래서 이왕 이렇게 된 것, 개발자의 편견과 현실을 그대로 보여주는 '이것이 개발자다! – 절망 편'을 알려드리도록 하겠습니다.

1. 평소 저를 좋아하던 후배가 갑자기 컴퓨터 견적을 맞춰달라고 합니다. 그런데 예산이 고작 20만 원이랍니다. 가진 지식을 총동원해 어찌어찌 맞춰줬더니, 갑자기 그 친구의 아는 오빠라는 사람에게 연락이 왔습니다. 어떻게 그런 견적을 맞춰줬냐고 다짜고짜 따지는 통에 무척 난감했죠.
그렇게 삼자대면까지 하고 따지고 싸우고 난리가 났는데….
휴, 다행히 꿈이었네요. 저를 좋아하는 후배가 있을 리 없잖아요?

2 맞은편에 앉아 있던 개발자가 이슈에 올라온 버그를 잡기 위해 코드를 고쳤습니다. 그랬더니 새로운 버그 4개가 나왔습니다. 그는 조용히 머리를 싸매더니 담배를 들고 옥상으로 올라갑니다.

한숨 돌린 개발자가 새로운 버그를 하나 고쳤습니다. 그런데 실행해보니 나머지 3개의 버그가 사라졌습니다. 그는 조용히 탕비실로 들어가더니 레드불 두 캔을 들고나왔습니다.

3 다른 직원으로부터 여러 문제가 있어서 6개월 전에 만들어 둔 코드를 대대적으로 수정해야 할 것 같다는 의견이 전달되었습니다.

근데 읽다 보니 누가 코드를 짰는지 몰라도 진짜 엉망입니다. 큰맘 먹고 대공사를 해야겠다 싶어서 우선 코드의 소유자를 확인해 봤습니다.

어라? 저네요.

4 개발팀이 월요일부터 매일 야근에 시달리고 있었습니다. 금요일이라고 예외는 아니었는지 사람들은 영혼 없는 눈으로 자판만 두드리고 있습니다. 그런데 6시가 되자 갑자기 과장님이 짐을 꾸리더니 그대로 나가버렸습니다. 궁금해진 인사팀 직원은 퇴근을 준비하면서 왜 과장님만 먼저 퇴근하셨는지 개발팀 동기에게 물어보았습니다.

"내일 출근하신대."

5 오늘만 커피를 4잔째 마시던 팀장님이 이 글을 뒤에서 지켜보다 한마디 하시려는 순간, 애플워치로 버그 리포트 알람을 받았습니다. 팀장님은 간신히 한숨만 내뱉은 채 고개를 젓고는 자리로 조용히 돌아가셨습니다.

베타리더의 의견

'개발자가 되면 이런 점이 좋고 이런 점은 좀 힘들겠구나'하는 생각이 들면서 직업 선택에 큰 도움을 받았습니다!

– 직장인 최형철(인프라 엔지니어) –

내가 개발자가 된다면 어떤 생각을 자주 하게 될 것인지, 어떤 삶을 살지 알 수 있었습니다.

– 대학생 홍승한 –

개발자는 제자리에 머무르기 위해서도 꾸준한 성장이 요구되는 직종이라는 말이 인상 깊었습니다.

– 직장인 A –

생각했던 것보다 개발자의 종류가 다양하네요. 그래도 요리에 비유해서 설명해주시니까 이해가 잘 되었습니다.

– 취업준비생 C –

03
비전공자 개발자로
살아남기

AR 개발자가 된 효석의 이야기

Q 본인 소개를 해주시겠어요?

> 안녕하세요. 저는 한 스타트업에서 의료용 AR 솔루션 개발에 참여하고 있는 이효석이라고 합니다. 지금은 개발자로 일하고 있지만 물리학을 전공했고, 교직 이수까지 한 교사 지망생이었습니다.

Q 물리학을 전공한 개발자라니, 조금 특이한 이력이라는 생각이 드는데요?

> 원래는 교사가 되고 싶어서 물리학과에 진학했었어요. 그런데 학부에서 공부하다 보니 스스로 물리학이 적성에 맞는지,

내가 교직에 어울리는 사람인지 고민하는 순간이 많아졌습니다. 고민하는 저와는 달리 나날이 발전하는 동기들을 보면 큰 벽을 만난 것 같은 느낌도 들었고요. 그렇게 시간을 보내다가 교생실습을 나가 현직에 계신 선생님들과 대화해보며 굉장히 많이 고민했고, 교사 외에 다른 길이 있을지 찾아보기로 했습니다.

Q 수많은 다른 길 중에 하필 개발자를 선택한 계기가 있을까요?

트렌드에 비추어 생각해보면 IT 분야 자체가 굉장히 유망해 보였고, 많은 수요가 있을 것으로 생각했어요. 또 최근 들어 공부할 수 있는 여건이 좋아진 것도 한몫했던 것 같습니다. 요즘엔 인터넷 강의나 유튜브만 봐도 개발자로 입문할 수 있을 만큼 수준 높은 교육이 많으니까요.

Q 그러면 인터넷 강의나 유튜브를 보며 코딩 공부를 하신 건가요?

사실 교생실습 전부터 코딩 공부는 조금씩 해오고 있었어요. 학부에서 정규 수업 형태로 진행된 건 아니었지만, 언젠가 필요할지도 모른다는 생각에 개인적으로 공부해왔던 거죠. 혼자 공부할 때는 책을 사서 읽기도 하고 강의도 듣고, 문제은행도 많이 사용했습니다. 책이나 강의 같은 경우는 아주 기초적인 것부터 시작해서 하나의 프로젝트를 만들어서 따라 할 수준까지 만드는 게 목적이었고, 그 후엔 실전에서 사용할 수 있는 논리나 방식을 익히고 싶어서 문제은행을 찾았어요.

그러다가 스터디를 꾸려서 함께 공부하기도 했습니다. 서로의 코드에 대한 의견을 주고받는다거나 튜터 한 명을 두고 수업을 듣거나, 같이 프로젝트를 진행하는 식으로요. 지금 생각해보면 함께 스터디하는 사람들과 의견을 교류하거나 같이 무언가를 만들어가는 과정이 참 좋은 선택이었다는 생각이 듭니다. 혼자 공부할 때는 절대 경험할 수 없는 일이니까요.

Q 전공수업을 듣지 않았는데도 개발을 할 수가 있나요?

결과론적으로 저는 전공수업을 듣지 않고 개발자가 되었네요. 물론 전공수업에서만 얻을 수 있는 지식과 경험들이 있을 테고, 이런 것들이 개발자들에게 큰 자산이 되는 것은 분명합니다. 일하다 보면 자료구조[12]나 언어체계, 운영체제의 구조 등 전공 지식의 필요성을 느껴서 추가로 공부하는 일도 빈번하죠.

하지만 전공 지식을 가졌다고 모두 개발자가 될 수 있는 것도 아닙니다. 코딩은 실전 연습과 경험이 중요하게 작용하는 분야이기 때문이죠. 극단적으로 말하면 화성학과 음악의 역사

---

12 자료구조론 : 전자 데이터의 구조를 설계하여 편의성을 추구하거나 수학적인 개선을 꾀하는 학문 분야

등을 몰라도 연습을 통해 노래를 잘할 수 있는 것처럼, 개발에 필요한 실전적인 퍼포먼스들은 독학 등을 통해서도 충분히 학습과 경험이 가능하다고 생각합니다.

Q 혼자 코딩 공부하다가 어려웠거나 기억에 남는 순간이 있다면요?

어느 분야든 마찬가지지만, 공부가 힘든 가장 큰 이유는 내가 하는 노력에 비해 구체적인 성과가 나타나지 않기 때문이라고 생각해요. 특히 공부하는 목적이 무엇인지 모르면 길을 잃어버리기도 쉽고 지금 하는 노력의 의미도 희미해지잖아요? 저는 파이썬이라는 프로그래밍 언어를 처음 공부할 때가 그랬던 것 같아요.

튜토리얼을 따라서 문자열을 출력하고 사칙연산도 써 보면서 공부하는데, 단순히 콘솔에 결과물을 띄울 뿐인 그 행동들이 대체 무슨 의미가 있는지 잘 모르겠더라고요. 무언가 만들고는 있는데, 결과적으로 내가 이걸 어떻게 원하는 방식으로 사용할 수 있을지 전혀 예상되지 않았어요. 그때 굉장히 조바심 났죠.

그런데 다른 곳에서 웹 개발 프로젝트를 하면서 웹 페이지에서 데이터를 추출하는 크롤링을 사용할 일이 있었어요. 그전까지는 막연히 콘솔에만 결과물을 띄울 수 있던 파이썬으로 내가 원하는 동작을 구현하고 나니, 이제까지 제가 기울인 노력의 이유를 찾은 듯한 기분이 들었어요. 이전에 했던 수많은

> 노력이 한 점으로 귀결되던 순간이 잊히지 않아요. 그때의 기쁨이 정말 컸거든요.

Q 꽤 인상적인 경험이었겠네요.

> 특히 프로그래밍은 실전에 부딪히기 전까지 심리적인 장벽이 꽤 높은 분야이기도 해서 더 그런 것 같아요. 난관에 부딪혔을 때 자기가 하는 일에 회의를 느끼는 게 어찌 보면 자연스러운 순서지만, 그런 생각을 빨리 떨쳐내야 한 뼘 더 발전할 수 있어요.

Q 개발자로서 개발과 관련된, 기억에 남는 에피소드가 있다면 말씀해주시겠어요?

> 우리 회사가 개발을 맡겼던 외주업체가 일방적으로 프로그램에 록(lock)을 걸고, 추가금을 요구한 적이 있었어요. 돈을 안 주면 록을 안 풀어주겠다고요.
> 추가금 요구가 부적절하다고 판단했고, 받아본 프로그램도 형편없는 수준이었어요. 저희가 프로그램을 처음부터 새로 만들 시간도 없었고, 정부에 제출한 문서가 있어서 규칙상 프로그램 UI를 변경할 수도 없었어요. 그래서 어쩔 수 없이 '리

버스 프로그래밍'[13] 을 시도했었죠. 백엔드를 구현하는 건 제 수준에 당장은 불가능해서 저는 프론트엔드를 맡기로 했어요. 그런데 저와 팀원들도 놀란 게 외주사에서 개발하는 데 수개월 걸린 기존 프로그램과 유사한 프론트엔드가 이틀 만에 나와버린 거예요. 심지어 3개월째 제대로 고쳐주지 않아서 수없이 쌓여 있던 컴플레인까지 반영한 버전으로요. 참고할 게 있는 리버스 프로그래밍을 바탕으로 개발해서 처음부터 새로 개발하는 것과 비교해 개발 속도가 빠를 수밖에 없지만, 겉모습이 구체화되니 팀원들의 의욕이 좀 더 살아났던 것 같아요. 결국 새로 개발한 지 3개월도 되기 전에 외주업체로부터 받은 기존 프로그램보다 훨씬 좋은 성능으로 개발되었고, 이후 일정들도 큰 지연 없이 흘러갈 수 있었어요.

Q 정말 아찔한 경험이네요. 그래도 많은 것을 배울 수 있는 계기가 되었을 것 같은데요.

> 돌발 상황을 안 겪었더라면 더 좋았겠지만, 이왕 벌어진 일이니 현실판 경험치 두 배 이벤트 같은 거로 생각하기로 했어요. 물론 게임과 현실은 달라서 타격감이 훨씬 크긴 하죠. 지나고 보면 좋은 경험인 것들도 겪는 순간은 고통스럽잖아요.

---

13   리버스 프로그래밍 : 기존 프로그램의 코드를 분석하여 개발하는 것을 말한다.

Q 돌발 상황을 겪지 않고 개인의 실력을 성장시킬 좋은 방법으로는 어떤 게 있을까요?

뻔한 대답이지만, 경험만큼 좋은 방법은 없는 것 같습니다. 저는 집에서 따로 프로젝트를 자주 하는 편이었는데, 처음 시작하는 거라면 유튜브나 책을 보면서 무작정 따라 하는 프로젝트도 괜찮아요. 그런 걸 만들다 보면 문제의식이 생깁니다. '이건 이렇게 설계하는 게 더 좋지 않을까?'라든가, '이런 기능을 더 추가하고 싶다.' 같은 생각들. 그렇게 본인만의 프로젝트를 시작하게 되고, 본인이 원하는 분야를 찾아보면서 어떤 분야가 나에게 맞는지 자연스럽게 고찰할 수 있는 환경이 만들어지죠.

하지만 그 전에 본인의 목표가 명확했으면 좋겠습니다. 앞으로 계속 얘기하겠지만, 개발자는 무척 다양한 분야에서 일하고 있고, 각각 하는 일이라든가 일의 성격도 굉장히 상이합니다. 그렇기에 내가 개발자로서 처음 하고 싶은 일을 미리 그려두고 시작하면, 로드맵을 짜기 훨씬 수월해집니다. 다만 처음 시작할 때는 지식의 한계가 있다 보니 어떤 분야가 있는지 파악하는 것조차 쉽지는 않죠. 공부를 지속하면서 내가 어느 방향으로 성장하고 싶은지를 끊임없이 고민해보는 게 좋을 듯합니다.

Q 마지막으로 이 책의 독자들에게 해주고 싶은 말이 있나요?

> 이 책에서는 여러분이 앞으로 가야 할 길과 함께, 가지 않으면 좋을 길도 안내하려고 해요. 시행착오는 모든 도전에 불가결한 요소이고 이를 통해 배울 수 있는 것도 분명히 있습니다. 하지만 겪지 않아도 될 일을 굳이 겪을 필요는 없죠. 피해 가야 할 함정은 무엇인지, 이왕 함정에 빠진다면 어떻게 빠져야 덜 다칠지 알려드리고자 노력했으니, 도움이 되었으면 좋겠습니다.
>
> 저는 개발 공부를 늦게 시작한 편입니다. 특별한 재능도 없었고, 남들보다 유리한 환경에 있었던 것도 아니에요. 그런데도 저는 나름의 노력 끝에 현재 개발자로 일하고 있고, 감사하게도 비전공자 출신 개발자로서 여러분께 작은 도움이나마 드릴 기회를 얻었습니다. 이런 제가 할 수 있는 말은, 전공이나 재능과 상관없이 누구나 충분히 개발자가 될 수 있다는 것입니다. 개발자가 꿈인데 전공자가 아니라서, 재능이 없는 것 같아서 망설이고 있다면 지금 당장 도전하세요.

CTO급 개발자가 된 병현의 이야기

Q 본인 소개를 해주시겠어요?

> 안녕하세요. 저는 한 스타트업의 CTO[14]로 재직하며 인공지능 분야 개발자로 활동하고 있는 반병현이라고 합니다. 저 역시 개발자로 일하고 있지만 생명공학 분야에서 학사와 석사를 취득한 비전공자입니다.

---

14 CTO : 임원 직책 중의 하나로 통칭 기업 내에서 최고 기술 책임자

Q 전공이 아닌데도 코딩을 공부하게 된 계기가 있나요?

> 카이스트(KAIST)에서는 졸업 필수 이수 요건으로 프로그래밍 기초 과목을 수강해야 해요. 그래서 대학교 1학년 때 처음 코딩을 배우게 됐어요. 특목고를 졸업한 동기들 대부분은 코딩을 배워본 경험이 있어서 아예 경쟁이 안 될 것으로 생각하고, 모든 걸 내려놓은 심정으로 수업에 임했습니다. 그런데 생각보다 적성에 잘 맞더라고요. 생명공학자가 되고 싶어서 바이오 및 뇌공학과에 진학했지만, 어차피 타 학과 과목을 몇 개 수강해야 하는 상황이어서 전산학과(컴퓨터공학과) 전공과목을 두 개 수강했습니다. 그렇게 코딩을 처음 접하게 됐고, 대학원에 다니면서 인공지능 관련 수업을 세 과목 더 들었어요.

Q 학부 시절에 들은 두 과목은 어떤 수업이었나요?

> 자료구조론과 이산수학[15]을 수강했어요. 기본 중의 기본이기도 하고, 수학적 배경이 없다면 실력을 키우는 데에 한계가 있을 것으로 느꼈거든요. 그 후에 전산과 과목은 아니지만, 통계학 분야의 수업과 통계 학습 분야[16]의 수업을 들었는데 무척

---

15 이산수학 : 수학의 한 분야로 확률론과 논리 설계의 토대가 되는 학문 분야
16 머신러닝의 이론적 토대가 되는 빅데이터 분석 기법을 다룬 과목이었다.

> 도움이 됐어요. 그때 배운 통계 지식을 지금까지도 밥벌이 수단으로 사용하고 있으니까요.

Q 수업을 두 과목만 듣고도 개발자가 될 수 있나요?

> 솔직히 쉽지 않죠. 사실상 저는 코딩은 독학한 셈이나 다름없고요. 독학으로 채울 수 없는 수학적 지식을 채우려고 수업을 들은 것이나 다름없습니다. 제가 만들고 싶은 기능이 복잡해질수록, 단순히 코딩만 연습해서는 도저히 답이 안 나오더라고요. 그래서 먼저 수학적 지식을 채우고, 그걸 바탕으로 조금씩 복잡한 프로그램을 직접 만들면서 코드를 활용하는 연습을 많이 했습니다.

Q 주로 어떤 연습을 했나요?

> 수업 끝나고 기숙사로 돌아와서 하루에 프로그램 하나를 만들어 보려고 노력했어요. 처음에는 턱도 없었는데, 몇 주 동안 고생하다 보니 제가 하루 만에 만들 수 있는 프로그램의 윤곽이 슬슬 잡히기 시작했어요. 그러다가 어느 순간부터는 오늘 자기 전까지 만들 수 있는 프로그램의 견적이 나오더라고요. 그렇게 조금씩 연습해 나갔죠. 그러다 보니 처음에 비해 훨씬 복잡한 프로그램도 하루 만에 만들 수 있게 되었습니다.

Q 그러면 수업과 실습 중 무엇이 더 본인의 실력 향상에 도움이 되었나요?

> 당연히 실습이죠. 기초 필수 과목 하나에, 가장 쉬운 전공과목 두 개를 듣는다고 해서 눈에 띄게 실력이 늘지는 않습니다. 무조건 많이 만들어 보고, 남이 짠 코드들을 열심히 읽어본 게 가장 도움이 된 것 같아요.

Q 혹시 갑작스럽게 개발 실력이 향상된 계기가 있었나요?

> 학부 마지막 학기에 창업했는데 개발자가 갑자기 퇴사해버렸어요. 그래서 뭐, 제가 개발자가 되기로 했죠. 하하. 마침 만들려고 했던 게 하필이면 인공지능이었거든요. 음악을 만들어주는 작곡 인공지능이요.
>
> 파이썬으로 인공지능 만드는 방법을 구글링하다가 텐서플로라는 프레임워크를 알게 돼서 그것도 써 보고, 여기저기 물어보며 도움을 많이 받았습니다. 그 시절에 제가 했던 건 그야말로 '생계형 코딩'이었어요. 갑자기 막중한 책임을 떠안게 돼서 정말 열심히 코딩했죠. 심지어 그 무렵에 대학원에서도 일이 바빠지는 바람에 정말 많이 힘들었습니다.

Q 대학원에는 무슨 일이 있었나요?

> 인공지능을 제가 코딩해야 하니까 전산학과 대학원에서 진행하는 딥러닝 수업을 신청했어요. 그런데 그 소식을 듣고 선배 두 명이 저에게 딥러닝 프로젝트를 같이 하자고 제안했어요. 교수님이 기업에서 따 온 연구 프로젝트였는데, 심혈관 CT 사진을 분석해서 관상동맥을 찾아내는 인공지능을 개발하는 과제였죠. 선배 한 명은 이론적 토대를 만들어 주고, 다른 선배는 데이터를 다루는 코드를 짜 주고, 인공지능 코딩은 제가 하고요.
>
> 그런데 이게 생계형 코딩과 맞물리다 보니까 시너지가 생기긴 하더라고요. 학부 시절 고생하며 익혔던 코딩 감각과 대량의 딥러닝 코딩 경험이 맞물리면서 실력이 부쩍 늘더라고요. 아마 이 무렵에 개발자로서의 실력이 만들어진 게 아닐까 생각해요.

Q 고생 끝에 낙이 온 상황인가요?

> 그러게요. 인터넷 댓글을 보면 코딩은 천재를 위한 분야라거나, 머리가 좋은 사람만 살아남는다는 이야기가 있거든요. 그런 댓글을 보면 제가 했던 노력의 절반만큼이라도 경험해 보라고 말해주고 싶어요. 결국 숙련도가 중요한 분야다 보니 반복된 경험이 필수적이거든요.

Q 경험이 중요하다고 하셨는데, 그렇다면 전공자보다 개발 경험이 적은 비전공자가 개발자가 되는 게 몇 배 더 힘든 거 아닌가요?

> 꼭 그렇지는 않아요. 제가 선택한 분야는 인공지능이라 선수 지식[17]이 많이 필요해요. 아마 웹 프론트엔드 개발자가 목표였으면 훨씬 더 빨리 실력을 쌓았을 거예요. 그리고 전산학과에서 전공과목을 수강한 것보다 직접 코딩해 본 경험이 제게는 더 도움이 됐어요.
>
> 그리고 어차피 생명공학도나 전산학도나 수업 듣고 과제 하다 보면 바빠서 코딩할 여유가 없기는 마찬가지예요. 직장인도 똑같고요. 결국엔 자기 시간을 포기하면서 노력과 경험이 필요한 입장이라는 사실은 다들 비슷해요. 그런 점에서 비전공자 취준생, 혹은 비전공자 직장인이 개발자가 되는 게 몇 배 더 힘든 상황이라고 생각하지는 않아요.

Q 전공이 아닌데도 열심히 노력했다는 생각이 듭니다. 대학과 대학원에서까지 열심히 노력한 성과는 있었나요?

> 물론이죠. 일단 제가 만들던 인공지능으로 석사학위 논문을 썼고요, 석사과정을 조기 졸업할 수 있었습니다. 연구 성과가

---

17 선수 지식 : 본 학습을 진행하는 데 필요한, 이전에 학습된 지식

이른 시기에 잘 나와 줬던 게 한몫했죠. 또 전산학과 수업을 들으며 만든 코드로 학회 논문도 냈고요. 비록 그때 준비했던 창업팀은 흐지부지됐지만, 작곡 인공지능도 결국 완성했답니다. 그리고 그때 만든 인공지능 중에 온실 환경을 정밀하게 제어하는 인공지능이 있어요. 그 기술이 제가 지금 몸담은 회사의 출발점이 되었고요. 저는 장시간 쌓아온 노력이 적절한 시기에 한꺼번에 보상으로 돌아왔다고 생각합니다.

Q 만약 과거로 돌아간다면 똑같은 방법으로 공부하실 건가요?

저는 막대한 노력과 시간을 들이는 무식한 방법으로 전공의 벽을 뛰어넘은 사례지만, 만약 지금의 안목을 갖고 그대로 과거로 돌아갈 수 있다면 좀 더 효율적이고 슬기롭게 코딩 공부를 시작할 것 같아요.

개발자도 종류가 많거든요. 수많은 분야 중에서 가장 마음에 드는 분야를 정하고, 거기에 도움이 되는 공부만 일단 열심히 해 볼 것 같아요. 그리고 어느 정도 지식을 쌓으면 혼자 프로젝트도 해 보고 인턴십도 해 보면서 경험을 쌓을 것 같습니다. 그리고 제가 원래 했던 노력보다 더 큰 노력을 실습에 투자할 것 같아요. 코딩은 굉장히 정직한 분야예요. 자기가 만들어 본 코드는 절대 배신하지 않거든요. 한 살이라도 어릴 때 한 개라도 더 많은 코드를 작성해보려고 노력할 것 같습니다.

Q 지금 직장에 다니면서 개발자로 이직하려는 분들에게 조언해준다면?

저는 좀 현실적인 조언을 해드리고 싶어요. 가장 공부를 적게 하면서 취업은 잘되는 분야를 선택하라고 말씀드리고 싶습니다. 제 생각에는 그 분야가 HTML, CSS, 자바스크립트(JavaScript)[18]로 대표되는 웹 페이지 제작, 그러니까 웹 프론트엔드 개발자 분야인 것 같아요.

게임 개발자나 보안 개발자가 되고 싶어도 꾹 참고 그쪽을 먼저 공부해 보면 좋겠어요. 특히 HTML은 학습 난도가 정말 낮거든요. 그래서 내가 코딩과 적성이 맞는지, 혹은 나는 코딩을 해서는 안 되는 사람인지를 빠르게 알아챌 수 있어요. 그런데 어려운 언어인 C언어나 자바로 입문하면 내가 문제인지, 내가 공부하는 과목이 어려운 건지 구분이 안 돼요. 학생이라면 시간과 노력으로 극복할 수 있는 문제지만 이미 직장이 있는 분이라면 현실적으로 당장 돈을 벌어야 하잖아요? 그래서 개발자로 이직하는 게 가능한지 안 되는지를 빨리 구분하는 게 중요하다고 생각해요.

퇴근 후에 웹 프론트엔드 분야를 조금씩 공부하면서 코딩도 해보고, 어느 정도 실력이 쌓였다고 생각하면 그때부터 여기저기 이력서를 제출해 보라고 말씀드리고 싶어요.

18　• HTML : 웹 페이지의 뼈대를 설계하는 도구
　　• CSS : 웹 페이지의 디자인과 미적 요소를 표현하는 도구
　　• 자바스크립트(JavaScript) : 사용자의 웹 브라우저에서 웹 페이지가 특정한 동작을 하는 것을 담당

Q 마지막으로 개발자를 꿈꾸는 비전공자 독자들께 한마디 해주세요.

> 낯선 분야로의 도전은 항상 설레기도 하고 두렵기도 한 부분입니다. 하지만 개발자라는 직종은 앞으로도 장점이 있는 직업이라고 생각해요. 새로운 IT 기술이 도입되고, 새로운 형태의 전자기기가 탄생할 때마다 새로운 개발자 수요도 형성될 테니까요.
>
> 이미 인류는 IT 기술 없이는 문명을 지탱할 수 없을 정도로 개발자라는 직업에 대한 의존도가 높아졌어요. 이런 흐름을 파악하고 개발자로 입문하려는 분들의 용기 있는 행동을 진심으로 응원하고 싶어요.

베타리더의 의견

비전공자가 개발자가 된 실제 사례를 바탕으로 인터뷰한 내용을 보며 '나도 개발자를 할 수 있겠구나'라는 생각을 할 수 있었고 개발자라는 직업에 한 걸음 더 다가간 느낌입니다.

– 직장인 최형철(인프라 엔지니어) –

저자들의 경험담을 통해 조금 더 현실적인 측면에서 개발 공부에 대해 생각해볼 수 있었습니다.

– 직장인 A –

실제로 비전공자가 개발자의 삶으로 들어와 겪고, 생각했던 것들을 엿볼 수 있어서 좋았습니다.

– 대학생 최유진 –

비전공자인 두 저자분이 실제로 경험했던 과정에 공감이 되었고, 두 분이 공통으로 강조한 실습과 경험에 중점을 두어서 여기저기 부딪혀 보겠습니다.

– 대학생 유승완 –

PART 2

개발자가 되려면

04 무엇을 공부해야 할까요?
05 어떻게 코딩을 연습해야 할까요?
06 시행착오에서 배운 것들

04
무엇을 공부해야 할까요?

개발자는 어떻게 컴퓨터와 대화를 나눌까요?

컴퓨터는 숫자 0과 1로만 소통할 수 있다는 이야기를 들어 보셨나요? 컴퓨터의 핵심 부품인 반도체는 전기 신호를 처리합니다. 컴퓨터의 핵심 부품인 반도체가 0과 1만을 처리하기 때문에 '컴퓨터는 0과 1로만 소통한다.'는 이야기가 생겨난 것입니다.

간단히 설명하자면 반도체에 전기가 안 들어오면 0이고, 전기가 들어오면 1이라고 생각하면 됩니다. 전기가 50%만 들어오거나 30%만 들어오는 애매한 경우는 생각하지 않습니다. 이처럼 0과 1로 이루어진 컴퓨터의 소통 수단을 기계어라고 부릅니다. 기계가 사용하는 언어라는 뜻이지요.

컴퓨터 입장에서는 0과 1 두 가지 경우만 처리하면 되니 무척 쉽습니다. 하지만 컴퓨터에 명령을 내려 소프트웨어를 제작해야 하는 개발자로서는 몹시도 곤란한 일이지요. 아래아한글로 문서를 작성하는 것조차 쉽지 않은데, 0과 1의 패턴을 외워 의미를 전달해야 한다니 무척이나 어지럽습니다.

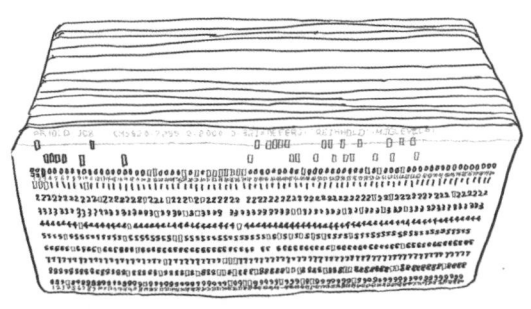

천공 카드

그래서 예전에는 천공 카드라는 도구를 사용했습니다. 천공은 구멍이라는 뜻인데요, 종이에 구멍을 뚫어 0과 1을 표현하는 도구입니다. 구멍이 없으면 0, 구멍이 있으면 1로요. 카드를 한 장만 잃어버려도 모든 정보가 무용지물이 되고, 순서가 섞여도 안 됩니다. 간단한 프로그램 하나를 작성하는 데에도 천공 카드 수만 장을 사용해야 했고요.

이런 이유로 예전의 개발자는 그야말로 극한직업이라고 할 수 있습니다. 하지만 요즘은 사정이 많이 나아졌습니다.

```
# 결과물 파일의 이름을 정의합니다.
outfile_name = "merged_ID.xlsx"

# 폴더의 내용물을 열람해 목록을 생성합니다.
input_files = os.listdir(directory)

# 엑셀 파일에 들어갈 내용물을 기록할 리스트를 만듭니다.
CONTENTS = []

# 폴더의 내용물을 불러와 합치는 작업을 수행합니다.
for filename in input_files:

    # xlsx 파일이 아닌 파일을 걸러냅니다.
    if ".xlsx" not in filename:
        continue
```

현대의 프로그래밍 예시

위 그림은 현대의 개발자들이 작성하는 예시입니다. 종이에 구멍을 뚫어가며 0과 1을 구분하는 것이 아니라, 키보드로 영단어를 타이핑하며 코드를 제작합니다. 거기에 한술 더 떠서 한글로 메모까지 하면서 작업할 수 있지요. 그리하여 요즘 개발자의 작업 환경은 예전에 비해 꽤 쾌적합니다.

위 그림과 같이 컴퓨터에 명령을 내리기 위해 사용하는, 인간이 이해할 수 있는 영단어로 구축된 도구를 프로그래밍 언어라고 합니다. 프로그래밍에 사용되며, 컴퓨터와 소통하기 위한 도구이므로 이와 같은 이름이 붙었습니다.

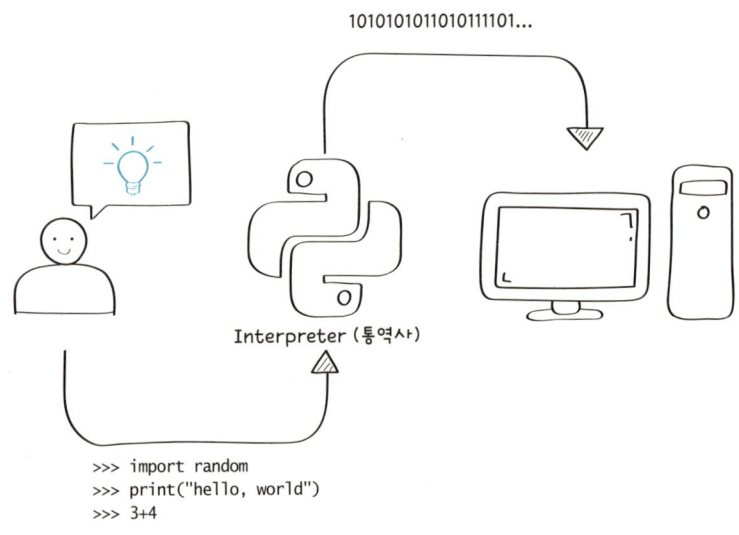

파이썬 언어가 기계어로 통역되는 과정

개발자는 프로그래밍 언어로 코드를 작성합니다. 프로그래밍 언어는 주로 영단어, 기호, 숫자의 조합으로 만들어집니다. 인간이 프로그래밍 언어를 활용하여 코드를 작성하면, 이 코드는 0과 1로 구성된 기계어로 변환되어 컴퓨터에 전달됩니다. 그리고 컴퓨터는 기계어 명령을 따라 동작을 수행하고, 결과를 우리에게 되돌려줍니다.

개발자가 되기 위해 가장 먼저 해야 할 일이 바로 프로그래밍 언어를 공부하는 것입니다. 그런데 현재 업계에서는 다양한 프로그래밍 언어가 사용되고 있습니다. 분야마다 널리 사용되는 언어가 조금씩 다르기도 하고요. 같은 업계에서도 회사 방침에 따라 서로 다른 언어를 사용하기도 합니다.

빅데이터로 살펴보는
프로그래밍 언어 선택 가이드

　그렇다면 어떤 프로그래밍 언어를 반드시 배우는 게 바람직할까요? 어차피 실력이 조금 쌓이면 며칠만 투자해도 다른 프로그래밍 언어를 익힐 수 있습니다. 잘 모르는 상태에서는 무엇을 선택할지 망설여지는 게 당연합니다. 이런 고민을 해결해줄 통계를 살펴보겠습니다.

　전 세계 개발자들이 가장 많이 활용하는, 세상에서 가장 많은 코드가 저장된 깃허브GitHub를 활용해보겠습니다. 깃허브에 올라와 있는 자료를 분석하여 현재 가장 인기 있는 프로그래밍 언어를 살펴볼까요?

깃허브 프로그래밍 언어 순위 통계

현재 순위	프로그래밍 언어	2016년 4분기 점유율	2021년 4분기 점유율	증감	분야
1	자바스크립트	21.9%	71.5%	49.6%	웹/앱
2	파이썬	13.5%	5.9%	-7.6%	범용
3	자바	11.6%	3.7%	-7.9%	안드로이드 앱/범용
4	C++	10.6%	2.6%	-8.0%	아이폰 앱/범용
5	TypeScript	1.8%	2.5%	0.7%	웹/앱
6	Shell	4.8%	2.4%	-2.4%	유닉스
7	PHP	7.7%	2.1%	-5.6%	웹
8	Go	3.3%	1.6%	-1.7%	앱/범용
9	RUBY	3.9%	1.4%	-2.5%	웹/범용
10	C	5.0%	1.3%	-3.7%	범용

위 표에는 상위 10위권 이내의 프로그래밍 언어와 그 점유율이 기재되어 있습니다. 2016년도 말의 점유율과 2021년도 말의 점유율 차이를 자세히 살펴보기 바랍니다.

자바스크립트는 말도 안 되는 수준으로 점유율이 상승했습니다. 자바스크립트는 웹 서비스 개발에 사용하는 언어로, 원래는 웹 페이지에 다양한 기능을 추가하는 용도로 사용되었습니다. 그러나 몇 년 전부터 다양한 오픈 소스 소프트웨어들이 출시되며 자바스크립트로 거의 모든 것을 만들 수 있게 되었습니다.

거기에 IT 서비스 생태계가 전 세계적으로 폭발적인 성장세를 보이면서 수없이 많은 온라인 서비스가 생겨났습니다. 이러한 시대적 배경에 힘입어 현재 자바스크립트는 전 세계에서 가장 영향력 높은 프로그래밍 언어가 되었습니다. 당연히 일자리도 가장 많습니다.

5위인 TypeScript(타입스크립트)도 자바스크립트의 한 종류이므로 사실상 자바스크립트가 점유율 74%가량을 차지한다고 생각해도 무난합니다.

파이썬은 2위를 굳건히 지키고 있습니다. 파이썬은 공부에 필요한 노력 대비 아웃풋이 가장 높은 프로그래밍 언어로, 학습자에게는 굉장히 가성비가 좋은 도구라고 생각해도 됩니다.

또한, 자바스크립트와는 달리 훨씬 다양한 곳에 적용할 수 있어서 무척 유용합니다. 따라서 최근에는 파이썬으로 코딩을 시작하는 것이 하나의 정석처럼 자리 잡고 있습니다.

자바는 현재 점유율 3위에 해당합니다만, 자바로 입문하는 것을 추천하지는 않습니다. 여기에는 크게 세 가지 이유가 있습니다. 참고로 자바는 자바스크립트와는 완전히 다른 언어입니다.

첫째, 자바의 입지는 갈수록 좁아지고 있습니다. 특히 2010년에 시작된 자바의 제작사인 오라클과 구글 사이에 소송이 시작되면서

이 현상은 더더욱 가속되고 있습니다. 대규모 IT 기업들이 괜히 자바를 사용해 소프트웨어를 만들다가 오라클에 소송을 당할까 걱정되어 다른 언어를 사용하기 시작했기 때문입니다.

둘째, 자바는 코드의 가독성이 떨어집니다. 좁은 화면에 꽉꽉 들어찬 글자들을 바라보고 있어야 하므로 몹시 피로도가 높습니다. 이 탓에 입문 단계에서 적응하는 과정이 피곤합니다.

마지막으로, 자바 생태계의 규모가 이렇다 할 성장을 하지 못하고 정체되어 있습니다. 파이썬이나 자바스크립트 같은 경우, 전 세계의 개발자들이 만든 오픈 소스 소프트웨어들이 매년 쏟아져 나오고 있습니다. 공급 과잉에 가까울 수준으로요. 반면 자바는 오라클이 소송도 불사하며 저작권을 강력하게 지키고 있으므로 자바를 이용한 오픈 소스 소프트웨어를 만들어 배포하려는 동기가 아무래도 떨어집니다. 따라서 파이썬이나 자바스크립트를 공부하는 것에 비해 오픈 소스 소프트웨어의 혜택을 누릴 기회가 부족하므로, 빠른 성장과 커리어 확립이 필요한 초보 단계에서 접근하기에 적합하지 않습니다.

그 외에 고려해볼 만한 가치가 있는 언어는 10위를 차지한 C언어입니다. C는 현재 널리 사용되는 프로그래밍 언어 중 가장 기계어에 가깝습니다. 따라서 C로 작성한 소프트웨어는 다른 언어로 작성한 소프트웨어에 비해 성능이 뛰어난 편입니다.

또한 C++, C# 등 게임업계와 메타버스 업계에서 사랑받는 언어를 공부하기 위한 기본기 역할을 한다는 장점이 있습니다. 하지만 깊은 역사에 걸맞게, 최근 유행하는 언어에 비해 학습 장벽이 조금 높아서 큰 노력이 필요합니다.

이 외의 언어들은 이 책의 후반부에서 좀 더 자세히 설명하도록 하겠습니다.

자바스크립트를 배우세요

이 책의 독자라면 자연스럽게 자바스크립트에 관심이 생길 것으로 생각됩니다. 앞서 자바스크립트와 관련된 일자리가 가장 많다고 설명했기 때문입니다. 하지만 자바스크립트는 단독으로 사용되는 경우가 많지 않습니다. 특히 입문 단계에서는 메인으로 사용하기보다는 HTML이라는 도구를 보조하는 역할로 사용됩니다. 따라서 HTML, CSS, 자바스크립트 순서로 공부를 시작하여 이 3가지를 자유자재로 섞어서 사용하는 연습을 하는 게 가장 쉽고 빠른 길입니다.

이 3가지 도구는 웹 페이지를 제작하는 데 사용하는 언어입니다. HTML은 모니터 화면에 표시될 글자나 그림 등의 정보를 주로 다루며, CSS는 화면의 디자인을 다루는 도구입니다. 여기에 마지막으로 자바스크립트를 더하여 웹 페이지에 기능을 부여하는 것입니다.

HTML, 자바스크립트, CSS의 역할 비교

아마도 웹 페이지 없이 영업하는 IT 업체는 없을 겁니다. 따라서 HTML, CSS, 자바스크립트는 모든 IT 기업이 사용하는 도구라고 생각해도 좋습니다. 그만큼 취업 분야가 넓기도 하고, 시장의 수요도 크다 보니 국비 지원 코딩 학원에서도 가장 많이 다루는 기술이 자바스크립트입니다.

또한 HTML이나 CSS는 코딩 분야에서 가장 공부할 것이 적은 쉬운 기술이기도 합니다. 따라서 이 두 기술과 함께 자바스크립트를 공부하는 것이 가장 단기간에 실력을 쌓아 취직할 수 있는 테크트리라 생각합니다.

HTML이나 CSS의 단점으로는 진입장벽이 낮다 보니 장기간 경력을 쌓아도 커리어로 인정받지 못한다는 점입니다. 따라서 웹 페이지를 제작하는 웹 프론트엔드 개발자의 실력은 자바스크립트에서 드러납니다.

단순히 자바스크립트를 공부하는 것도 좋습니다만 최대한 많은 웹 페이지를 직접 제작해 보고, 인기 있는 웹 페이지를 그대로 흉내 내어 만들면서 많은 연습을 하는 것이 중요합니다.

어느 정도 자바스크립트에 익숙해졌다면 자바스크립트에서 활용할 수 있는 다른 도구들을 선택하여 한층 더 실력을 발전시킬 수 있습니다. 대표적으로 메타(구 페이스북)에서 발표한 React.js 라든가 삼성에서 선호하는 Vue.js 같은 도구를 활용하는 것입니다.

기존의 자바스크립트보다 훨씬 성능이 뛰어나거나, 새로운 기능을 활용할 수 있게 되므로 빠른 시간 안에 여러분이 만드는 웹 페이지의 퀄리티를 큰 폭으로 상승시킬 수 있습니다.

추후 취향에 맞추어 자바스크립트 기반 언어들을 활용하며 백엔드나 서버 쪽으로 이직할 수도 있습니다. 정리하면, 자바스크립트를 통해 코딩에 입문하는 것이 현재 취업 시장에서 살아남기 좋은 루트 중 하나라고 생각합니다.

파이썬을 배우세요

파이썬은 학습 난도는 쉽지만 가장 많은 것을 할 수 있는 도구입니다. 파이썬이 왜 적은 노력으로도 많은 일을 할 수 있는지를 설명하려면 프로그래밍 언어의 특징을 이해할 필요가 있으므로, 지면 관계상 여기서는 그냥 넘어가겠습니다.

파이썬은 교육기관에서 입문용으로 가장 추천하는 언어입니다. C언어보다 코드가 단순하며, 자바보다 문법이 간결하고, 자바스크립트보다 컴퓨터공학적 개념들을 구현하고 공부하기 쉽기 때문입니다.

게다가 파이썬으로 코딩의 기초를 체험한 사람은 별다른 노력 없이 다른 언어를 손쉽게 익힐 수 있습니다. 추후 웹이나 앱 개발자로 취업을 원한다면 코딩이 나와 맞는 일인지 알아보기 위한 목적으로 파이썬을 공부해보는 것도 좋습니다.

빅데이터 분석이나 인공지능 같은 서비스 개발보다 연구·개발 R&D 관련 분야로 진출하려면 파이썬으로 입문하는 것을 더욱 추천합니다. 현재 전 세계에서 통용되는 빅데이터 분석 도구와 인공지능 제작 도구가 모두 파이썬과 호환되도록 제작되고 있기 때문입니다.

또한 파이썬으로 입문하는 분들은 빠르게 시제품을 구현하는 방식으로 훈련하기보다는 책 한 권을 붙들고 끝까지 진도를 나가면서, 책에서 소개하는 기초적인 컴퓨터공학 지식을 함께 습득하는 편이 더 좋습니다. 파이썬을 익혀 일하게 된다면 웹 프론트엔드 개발보다는 조금 더 어려운 작업을 수행해야 할 가능성이 크기 때문입니다. 한번 튼튼하게 쌓아둔 기초는 오랫동안 든든한 자산이 되어줄 것입니다.

조금 고생할 각오를 한다면 파이썬을 거의 모든 분야의 개발에 활용할 수도 있습니다. 하지만 직장에서 이를 원하지 않을 수도 있습니다. 따라서 파이썬으로 입문하여 너무 특이한 분야를 깊게 파는 등의 행동은 큰 도움이 되지 않으니 주의해야 합니다.

개인적으로는 파이썬을 다룬 책 한 권을 빠르게 익힌 뒤, 구글 검색을 활용하며 다양한 프로그램을 개발해 보는 것을 추천합니다. 여러분이 상상하는 웬만한 기능은 이미 누군가 파이썬으로 제작하여 인터넷에 무료로 올려뒀을 가능성이 큽니다.

이와 같은 기능들을 가져와서 조립하여 그럴싸한 소프트웨어를 빠르게 만드는 것이 파이썬 개발자에게 가장 중요한 역량 중 하나입니다.

또한 개발자가 편하게 코딩할 수 있는 환경을 중시하다 보니 코드가 무척이나 간결해졌습니다. 자바스크립트나 C언어로 구현한 프로그램을 파이썬으로 다시 만들었더니 코드의 길이가 10분의

1로 줄었다는 체험담도 여기저기서 들려올 정도로 말입니다. 사실 이 점 하나만으로도 파이썬을 선택할 충분한 장점이 됩니다.

C언어를 배우세요

C언어는 오늘날 사용되는 프로그래밍 언어 중에서 가장 오래된, 가장 널리 사용되는 언어입니다. 윈도 환경에서 작동하는 소프트웨어를 제작하거나 게임 개발자가 되고 싶다면 필수적으로 C언어를 다룰 줄 알아야 합니다.

C언어의 장점은 굉장히 빠르게 실행된다는 점입니다. 파이썬이나 자바스크립트는 개발자가 편리하게 코딩할 수 있도록 다양한 부분을 배려하다 보니, 동작 속도에서 그만큼 손해를 보게 되어있습니다. 반면 C는 속도가 빨라서 많은 개발자가 C언어가 가진 특유의 불편함을 감수하면서까지 활용하는 언어입니다.

C언어는 오래된 역사만큼이나 여러 단점이 있습니다. 먼저 C를 능숙하게 활용하려면 컴퓨터 구조에 대한 이해가 필요합니다. 컴퓨터의 메모리RAM와 관련된 포인터Pointer라는 개념은 C언어를 활용하는 데 필수적입니다. 그러나 초보자가 이 부분을 스스로 이해하는 건 몹시 어려운 일이므로, 쉽게 집필된 좋은 책을 찾거나 쉽게 설명해 줄 강사를 만나야 합니다.

C언어의 단점을 개선한 다양한 변종 언어도 출시되어 널리 사용되고 있습니다. 특히 아이폰 앱 개발에 널리 사용되고 있는 C++의 경우, 오리지널인 C언어보다 점유율이 두 배나 높습니다. C#이라는 변종은 유니티라는 게임 엔진을 구동하는 도구로 채택되며 게임업계에서 널리 사랑받고 있고요.

따라서 게임 개발자나 보안 개발자, 플랫폼 개발자를 희망한다면 C언어를 먼저 배우는 것을 권장합니다.

코딩계의 밀키트,
프레임워크!

인터넷이나 마트에서 밀키트를 구매해 본 경험이 누구나 한 번쯤은 있을 겁니다. 밀키트 안에는 손질이 끝난 식재료와 레시피가 들어있어서 누구나 쉽게 맛있는 요리를 뚝딱 만들 수 있습니다. 코딩 계에도 밀키트와 같은 편리한 도구가 있습니다. 개발자들은 이것을 '프레임워크'라고 부릅니다.

프로그래밍 언어를 하나 골라서 어느 정도 공부했다면, 이제 프레임워크를 공부할 차례입니다. 프레임워크도 종류가 굉장히 다양하므로, 여러분이 관심을 갖는 업계에서 유행하는 프레임워크를 찾아보면 되겠습니다.

예를 들어 파이썬을 활용한 빅데이터 분석에 관심이 있다면 구글 검색창에 '파이썬 빅데이터 프레임워크' 또는 '파이썬 빅데이터 라이브러리' 등을 입력해 최근 1~2년 사이에 많이 언급된 도구를 하나 골라보기를 바랍니다. 저자가 이 책을 쓰고 있는 현재 기준으로는 Seaborn시본, NumPy넘파이, Pandas판다스가 많이 언급되고 있습니다.

프레임워크를 골랐다면 이와 관련된 무료 강의 자료나 설명서를 구글에서 찾아보며 공부하면 됩니다. 영어 독해에 능통하다면 프레임워크의 공식 홈페이지에서 제공하는 설명서documentation를 참조하는 게 가장 정확합니다.

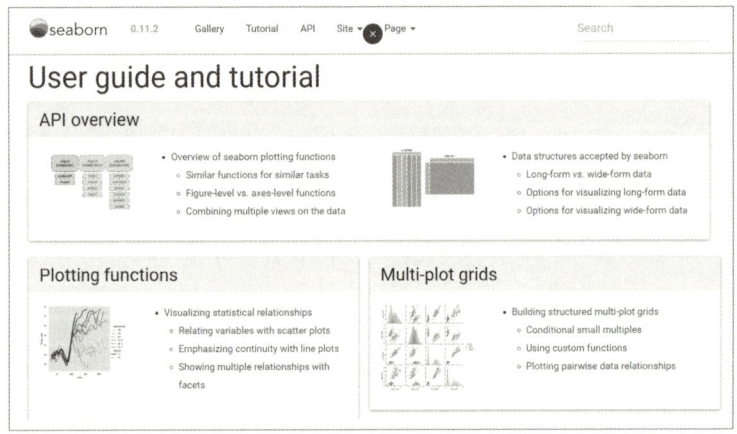

Seaborn 공식 홈페이지의 Tutorial[19]

---

19 출처 : https://seaborn.pydata.org/tutorial.html

빅데이터 분석 도구인 Seaborn을 예로 들어 보겠습니다. Seaborn의 공식 홈페이지에서는 Tutorial이라는 메뉴를 제공합니다. 여기에 소개된 메뉴를 하나씩 읽어보며 필요한 기능들을 살펴보고, 홈페이지에서 제공하는 코드를 따라서 실행하면서 기능을 공부하면 됩니다.

아래 그림과 같이 거의 모든 프레임워크는 코드의 실행 방법을 예시로 설명해 주며, 실행 결과도 알려주는 편입니다. 친절하게 작성된 설명서를 제공해야 많은 사용자가 관심을 가질 테니까요. 어찌 보면 사용설명서는 프레임워크의 마케팅 수단이 되므로 제작자들이 정성스럽게 작성하는 것이기도 합니다.

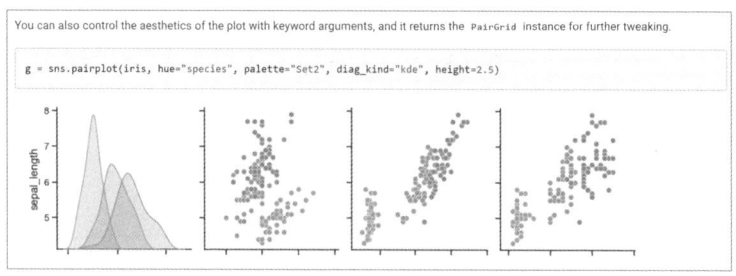

Seaborn 코드의 실행 방법과 실행 결과 예시

영어가 서툰 분들은 한국어로 번역된 블로그 자료를 참조해도 좋습니다. 하지만 개발자는 평생 공부해야 살아남을 수 있는 직업이고, 대부분 IT 지식은 영어로 기록되고 안내되는 편이므로 영어를 공부해 두는 것을 적극적으로 추천합니다.

프레임워크를 어느 정도 다룰 수 있게 되었다면, 이를 활용하여 작업에 걸리는 시간을 대폭 감소시켜 보고 또 다른 프레임워크를 찾아 나서면 됩니다.

원하는 취업 분야가 있다면 그 회사에서 자주 사용하는 프레임워크를 따로 공부하는 것도 훌륭한 전략입니다. 해당 회사의 예전 채용공고를 참고하면 어떤 프레임워크를 사용하는지 알 수 있습니다. 체계가 잡힌 개발팀에서 올린 채용공고에는 주로 사용하는 프로그래밍 언어는 물론 프레임워크에 대한 요구사항도 굉장히 구체적으로 명시되어 있기 때문입니다.

베타리더의 의견

장기적으로 데이터 분석을 위해 개발 공부를 하려고 합니다. 언어별 특성을 잘 설명해주어 파이썬 공부에 대해 확신이 들었습니다.

- 직장인 A -

처음에 어떤 언어로 공부해야 할지 고민일 수밖에 없는데 각 언어에 대한 특징과 장단점들을 비교해 볼 수 있어서 좋았어요.

- 대학생 최유진 -

각 언어의 특성이 잘 비교되어 있네요. 배울 언어를 고르는 데 많은 도움이 되었습니다.

- 취업준비생 C -

개발자의 언어인 프로그래밍 언어의 특성을 이해하고, 어떤 언어를 선택하면 좋을지 가이드를 제시해서 공부 방향을 설정하는 데 큰 도움이 되었습니다.

- 대학생 유승완 -

05
어떻게 코딩을
연습해야 할까요?

나는 코딩한다,
고로 존재한다

코딩을 처음 연습할 때 많은 사람이 '지금 내 생각대로 만드는 게 의미가 있을까?, 잘하고 있는 건가?'라고 생각합니다. 뭔가를 만들고는 있지만 완성할 수 있을지 없을지도 모르겠고, 무엇이 필요한지도 모르겠고, 이런 상태에서 만드는 게 맞나? 라고 의심하는 거죠. 이처럼 명확한 기획이나 깊은 지식도 없이 코드를 무작정 만들어 보는 일이 바람직하다고 할 수 있을까요?

결론부터 말하자면 바람직합니다. 일단 무조건 만들어 봐야 합니다. 개발자에게 있어 코딩 지식은 분명히 중요한 요소지만, 개발 경험치는 그 이상으로 강력한 변수입니다. 어떤 방식으로든 직접 코드를 작성해 봐야 실력이 향상됩니다. 결함이 있거나 수정이 필요한 부분이 발견된다면 고치면 그만입니다. 수준의 차이는 있겠지만 실제로 실무에서도 최소한의 계획으로 코드를 먼저 작성하고, 이후 필요에 따라 조금씩 보수해 나가면서 구현합니다. 완벽한 계획이 현실적으로 불가능하므로 현실과 어느 정도 타협하는 거죠.

그래도 맨땅에 헤딩하는 방식이 부담스럽게 느껴진다면 다음과 같은 방법을 사용해 보기 바랍니다. 설명을 위해 간단한 예시를 들어보겠습니다.

① 이슈에 필요한 것을 파악하기

사용자가 입력한 숫자가 정해진 숫자보다 큰지 작은지를 판단해야 한다고 가정합시다. 그러면 두 수의 값을 비교하는 코드를 작성해야 합니다.

② 간단한 주석[20]으로 단계를 나누기

우선 비교할 숫자를 미리 저장해야 하고, 사용자에게 입력받아야 하고, 비교한 결과를 출력해서 사용자에게 보여주어야 합니다. 변수를 저장하는 단계 하나와 함수를 작성하는 단계 2개로 나눠겠군요.

---

20   주석 : 다른 사람이 코드를 이해하기 쉽도록 작성하는 일종의 메모

③ **필요한 변수와 상수[21] 만들기**

비교할 숫자를 상수로 저장해 둡니다. 상수의 이름은 comparison Number 정도면 괜찮을 것 같네요. 그리고 사용자 정보를 저장할 userNumber라는 이름의 변수도 하나 만들어 둡시다. 이후 행동에 따라 알림을 만들고 싶다면, 알림에 넣을 문구 등도 string 상수로 지정하는 것이 좋습니다.

④ **함수로 구현하기**

userNumber에서 comparisonNumber를 뺀 값의 음양으로 비교할 수도 있고, 아예 미리 구현된 비교함수를 사용할 수도 있습니다. 이 단계에서는 크게 차이가 없지만, 만약에 본인이 두 숫자의 차이를 이용해야 한다면 전자, 단순 비교로 끝난다면 후자를 택하는 것이 합리적이겠네요. 결괏값에 따라 이후 사용자에게 결과를 로그로 출력할 수도, 다음 행동을 지시할 수도, 에러를 반환하고 아예 프로그램을 종료시킬 수도 있습니다.

21
- 변수(variable) : 코딩에서 사용되는 일종의 도구로서, 데이터를 담아 두는 그릇과 유사한 개념
- 상수(constant) : 변하지 않는 숫자라는 의미로, 일반적인 숫자를 의미

분명 이런 단계를 거쳐도 충분히 만족할 만한 결과물이 나오지는 않을 겁니다. 하지만 코딩 실력이 미숙한 상태에서 처음 써 보는 코드라 할지라도 의미 없는 일이라고 생각하지 않기를 바랍니다. 물론 최종적으로 프로젝트에 사용될 확률은 낮겠지만, 본인이 어떤 실수를 범했고 어떤 방식으로 오류들을 제거해 나갔는지 비교해볼 수 있는 오답 노트로 활용할 수 있으므로, 이전에 짠 코드를 보고 어떻게 수정하면 좋을지를 생각해보는 것도 좋습니다.

공부의 검증
문제은행 박살내기!

　책이나 강의를 보며 공부할 때, 일단 따라 하니까 무언가 진행은 되는데 내가 제대로 하는 건지 의심스러울 때가 있습니다. 강의나 책을 보면서 따라 할 때는 잘됐는데 막상 혼자 해 보면 잘 안될 때도 많고요. 분명히 가르쳐준 대로 똑같이 했는데 말이죠. 왜 틀렸는지 살펴봐도 모르겠고, 어디가 다른 건지 이해되지 않고, 별로 중요하지 않다고 생각한 게 코드의 근간을 흔들어버리면 그야말로 미칠 노릇입니다. 조금 더 안정적인 환경에서 연습할 방법이 있다면 참 좋을 텐데, 아쉬운 마음만 듭니다.

　앞에서 설명했듯이, 어떤 언어든 어떤 목적이든 코드를 많이 작성해 보는 것이 가장 좋습니다. 하지만 확실한 기준 없이 무작정 코딩하기에는 너무 막막하고, 이제 막 코딩을 시작한 시점에서 자신의 수준을 검증해 보는 데도 한계가 있습니다. 이럴 때 여러 해결책이 있겠지만, 접근성 좋고 난이도도 자유롭게 조절할 수 있는 문제은행 웹사이트를 사용하는 것을 추천합니다.

문제은행은 대부분 특정 조건을 만족해야 하는 문제를 다양하게 준비해놓으므로 본인 수준에 맞는 코드를 작성해볼 수 있다는 장점이 있습니다. 프로그래밍에서는 기념비적인 문구가 된 "Hello World!"를 출력해보는 것부터, 간단한 게임의 로직을 구현하는 단계까지 난도의 스펙트럼이 굉장히 넓습니다. 웹사이트에서 정보 올림피아드 기출문제도 찾아볼 수 있고요.

또한 대부분 문제은행이 자체 컴파일러를 가지고 있어서 특별한 개발환경 없이 자신의 코드를 바로 시험해볼 수 있습니다. 심지어 코드가 원하는 결괏값을 내는 데 얼마나 걸렸는지를 보고 최적화가 이루어졌는지를 알 수 있고, 타인의 정답과 오답, 코멘트도 참고하면서 개선점을 찾을 수도 있습니다. 같은 문제를 가지고 여러 명이 한데 모여 의견을 나눌 일이 거의 드물어서, 이런 코멘트는 무척 귀한 요소로 작용합니다.

또한 본인이 추구하는 학습 방법과 수준, 진도에 맞춰서 문제를 취사선택하는 것도 가능합니다. 게다가 대부분 문제가 무료로 제공되므로 기본적인 문법을 파악하고 기초를 다지는 데 문제은행만큼 효율적인 것이 없다고 생각합니다.

    참고할 만한 문제은행 몇 군데를 소개하니, 본인이 공부하고 있는 언어나 취향에 따라 선택하시기 바랍니다.

① 백준(https://www.acmicpc.net)

문제	문제 제목	정보	맞힌 사람	제출	정답 비율
1000	A+B	다국어	190924	647095	41.913%
1001	A-B		160735	268958	71.349%
1002	터렛		27558	163196	21.878%
1003	피보나치 함수		36649	164528	31.560%
1004	어린 왕자		9844	28042	43.718%
1005	ACM Craft		8811	55074	25.856%
1006	습격자 초리기		1337	13359	18.313%
1007	벡터 매칭	스페셜 저지	2145	8222	36.362%
1008	A/B	스페셜 저지	124913	436005	34.844%
1009	분산처리		13363	71864	24.337%
1010	다리 놓기		21179	56079	48.320%
1011	Fly me to the Alpha Centauri		19787	84255	30.658%
1012	유기농 배추		30223	115044	36.896%
1013	Contact		2903	10546	35.831%

    '코딩 문제은행'이라고 검색하면 가장 먼저 나오는 곳입니다. 문항 수도 최대 규모이고, 굉장히 다양한 언어를 지원합니다. 단계별로 문제를 명확하게 제시해 주는 편이고, 질문에 대한 답변도 빠르며, 초보자가 도전할 만한 문제도 많아서 가장 추천하는 곳입니다.

② 프로그래머스(https://programmers.co.kr)

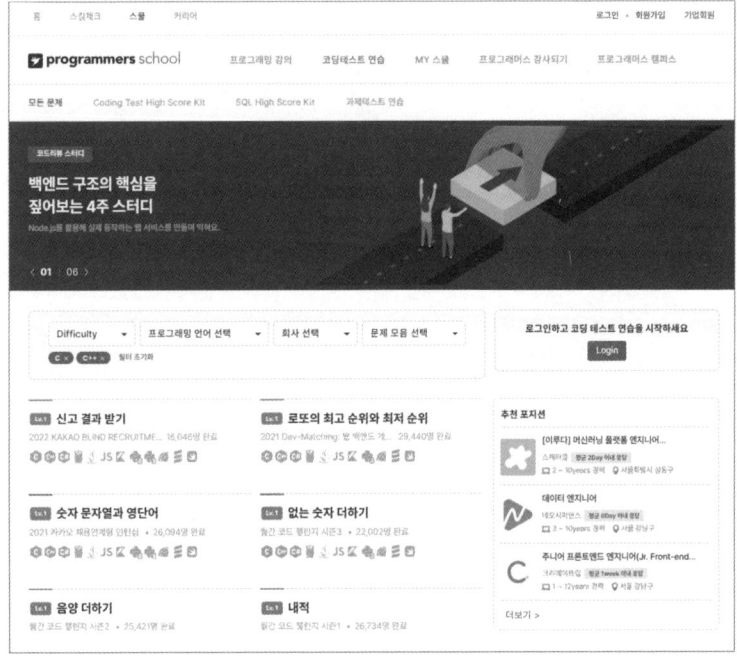

자체 개발한 문제나 대기업 입사 시험으로 출제된 코딩 테스트를 제공합니다. 채용을 목적으로 푸는 문제들이기 때문에 전반적으로 어렵지만, 문제의 퀄리티가 매우 좋습니다. 백준만큼은 아니지만 주요 언어들은 대부분 지원하고 있으므로 어느 정도 수준이 되었을 때 도전과제로 삼기 좋습니다.

③ CSS Diner(https://flukeout.github.io)

일반적인 문제은행과는 달리 시각적으로 본인의 정답과 오답을 확인할 수 있는 사이트입니다. CSS만 다루고, CSS 코드 전반이 아니라 선택자selector[22]에 대한 문제만 제공합니다. 충분히 생각해볼 만한 문제들을 제공하고 있으며, 왜 오답인지 좀 더 직관적으로 파악할 수 있다는 장점이 있습니다.

---

22 선택자 : HTML 문서 안에서 CSS를 사용하여 특정 요소의 스타일을 바꿀 때 사용

방대한 지식의 바다에서
헤엄치기 : 구글링

　중세 시대까지는 엄청난 천재 한 명이 다방면의 분야에 기여하는 것이 가능했습니다. 레오나르도 다 빈치Leonardo da Vinci도 화가이며 건축가였고, 그 외에 과학·음악·공학·문학·천문학·지질학·역사학·식물학·수학 등 당대에 존재하던 모든 분야를 섭렵했습니다. 그러나 오늘날엔 그 이상 가는 천재가 온다고 해도 아마 과거와 같은 다재다능함을 뽐내기는 어려울 겁니다. 수천 년간 축적된 기술과 지식이 고도화되면서 한 사람이 이를 모두 다루는 것이 불가능해졌기 때문이죠.

　개발도 예외는 아닙니다. 아무리 뛰어난 프로그래머라 한들 프로젝트에 필요한 모든 것을 알고 시작할 수는 없습니다. 설사 본인

레오나르도 다빈치

이 완벽하게 알고 있다고 생각해도, 실전에 들어가면 생각지도 못한 문제가 터지고, 생각지도 못한 분야의 지식이 필요한 경우가 절대다수죠. 대부분 이런 일은 협업을 통해 해결할 수 있습니다만, 만약 혼자 작업하는 개발자이거나 그룹 내에 조언 구할 사람이 없다면 물어볼 곳도 마땅치 않고 참 난감할 것입니다.

다행히도 우리에게는 세계 시가총액 4위에 달하는 '갓기업' 구글이 있습니다. 다른 정보를 찾을 때도 빛을 발하는 곳이지만, 구글은 사실 전문적이고 학술적인 정보를 검색하는 데 최적화된 검색 엔진입니다. 국내 점유율 70% 이상인 네이버나 다음 같은 경우 일상적인 정보 검색에는 강하지만, 전문적인 내용을 찾기엔 무리가 있습니다.

또한 구글은 검색 엔진 외에도 안드로이드 및 윈도 기반 기기에서 디바이스 관리에 사용되기도 하고, 통합서비스도 상당 부분 제공하고 있습니다. 다시 말해 사용자를 분석할 기회가 압도적으로 많다는 것이고, 검색 키워드에 결과를 최적화하는 알고리즘이 여타 사이트보다 훨씬 강력합니다. 게다가 영어권 국가에서 만들어진 기업이다 보니, 영문 검색으로 나타나는 정보량이 방대합니다. 웬만한 전문가들이나 학자들이 영어를 공용어로 사용하는 이상, 절대적인 정보량을 보유한 구글을 따라잡을 곳은 없을 것입니다.

다만 '정보의 범람' 시대인 만큼 내가 필요한 정보를 찾는 요령이 없다면 검색도 중노동이 되어버립니다. 따라서 우리는 원하는 키워드를 어떻게 검색하는지 알아야 시간을 절약할 수 있습니다.

현재의 이슈를 정확히 특정하기

이를테면 코드를 짜다가 에러가 났을 때, 검색창에 '코드에서 에러가 났어요'라고 입력하면 래리 페이지[23]의 할아버지가 와도 도와줄 수가 없습니다. 최소한 어떤 언어를, 어떤 플랫폼에서 쓰다가, 어떤 종류의 에러가 나서, 어떤 해결책을 시도했는데, 해결되지 않았다는 정보가 필요하고, 보통은 에러 로그 파일과 문제가 되는 코드 조각을 같이 첨부합니다.

검색할 때도 마찬가지입니다. 핵심 키워드가 하나씩 들어갈 때마다 여러분의 노동력이 점점 줄어드는 것을 느낄 수 있을 것입니다. 감이

---

23 래리 페이지 : 구글의 초대 CEO이자 공동 창업자

잘 안 온다면 시험 삼아 'Unity Error'와 'Unity NullReferenceError'[24]를 구글 검색창에 입력해 보세요. 검색 결과가 2억 건에서 800만 건 이하로 줄어드는 것을 확인할 수 있을 것입니다.

검색 문법 사용하기

무언가를 검색했는데 특정 검색어만 제외하고 결과가 나타나는 경우를 한 번쯤 경험해봤을 겁니다. 아니면 '무엇'인가 찾아야 하는데 그 '무엇'이 정확히 기억나지 않을 때도 있고, 그 두 가지를 한 번에 찾아야 할 때도 있습니다.

이렇게 특정 조건을 달고 무언가를 찾을 때, 통상적인 검색 방법을 사용하면 제아무리 구글이라도 묘하게 나사가 하나씩 빠진 결과들만 한 아름 가져옵니다. 이럴 때 사용하는 특별한 방법이 있는데, 반드시 결과에 포함되어야 하는 단어가 있다면 "○○○" 같이 큰따옴표로 감싸주거나, 키워드를 추가하거나 제외할 때 + 또는 − 기호를 사용하거나, 잘 모르는 부분을 검색할 때 별표(*, asterisk)로 대체해서 검색하는 등의 방법이 있습니다. 이건 개발자가 아니어도 유용하게 사용할 수 있으니 실생활에서 사용해보기를 바랍니다.

---

24 Unity NullReferenceError : 참조되지 않은 변수에 접근하려고 할 때 발생하는, '모르는데 어떻게 가요'라는 의미의 에러

영어로 검색하기

우리는 영어가 공용어인 시대를 살고 있으므로, 전문적인 지식은 영어를 기반으로 유통되고 있습니다. 개발자들도 예외는 아닙니다. 대다수 포럼, 커뮤니티, 블로그에서는 다국적의 사용자가 소통해야 하는 만큼 기본적으로는 영어를 활용합니다. 게다가 구글은 기본적으로 영어에 기반하고 영어에 특화된 검색 엔진인만큼 검색 결과도 큰 차이를 보입니다.

이를테면 개발자의 평생 숙제인 '변수 이름 짓는 법'을 입력하면 25만 건 정도가 검색되는 반면, 'how to name variable'을 입력하면 무려 59억 건이 넘는 결과가 나타납니다. 물론 극단적인 예시이기도 하고 중복되거나 무관한 검색 결과도 다수 포함되어 있겠습니다만, 영어로 검색하는 것이 이 정도로 강력하다는 것을 방증하는 사례라고 할 수 있습니다.

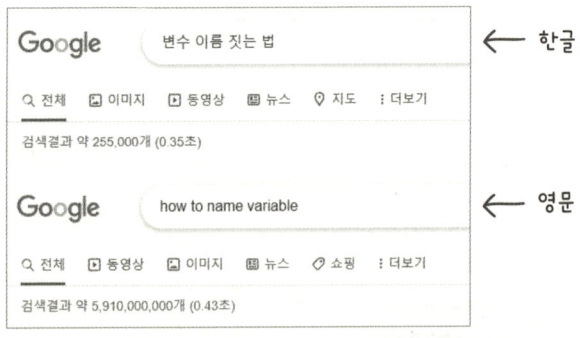

한글과 영어 검색 시 구글 검색량 비교

전 세계 개발자들의 아고라 : 커뮤니티 / 콘퍼런스

개발자는 첨단 IT 기술을 개척해 나가는 사람들이다 보니 항상 새로운 지식과 유망한 기술을 탐구해야 합니다. 그런데 혼자 힘으로 새로 나온 유망한 기술을 모두 살펴보며 옥석을 가리는 것은 불가능한 일입니다. 따라서 개발자들은 집단지성을 이루기 위해 큰 노력을 했습니다. 이 중 대표적인 것이 커뮤니티와 콘퍼런스입니다.

① **개발자 커뮤니티**

커뮤니티는 페이스북 그룹이나 카톡방과 같이 실시간 소통이

용이한 형태로 운영되는 경우가 많습니다. '생활코딩'[25], '코딩이랑 무관합니다만'[26], 'TensorFlow KR'[27] 같은 커뮤니티에는 수만 명에서, 많게는 10만 명 이상의 한국인 개발자들이 가입하여 활동하고 있습니다.

이와 같은 대형 커뮤니티에는 누구나 편하게 질문을 올릴 수 있으며, 마침 심심했던 업계 전문가로부터 황금과도 같은 답변을 받을 수 있습니다. 또한, 실력이 뛰어난 현직 개발자들이 최신 트렌드를 큐레이션 해주기도 합니다.

저자는 개발자 커뮤니티의 기능을 '집단지성의 형성을 통한 지식의 공유와, 함께하는 빠른 성장'으로 정리하고 싶습니다. 커뮤니티를 적극적으로 활용하면서 여러분의 성장을 꾀하기도 하고, 다른 사람들의 성장을 도와주기도 하며 명성을 쌓아가는 것이 현대 개발자 사회에서는 무척이나 중요한 일입니다.

② 개발자 콘퍼런스

개발자 콘퍼런스는 학술대회와 유사하면서도 다른 방식으로 운

---

25 https://www.facebook.com/groups/codingeverybody
26 https://www.facebook.com/groups/8189397048323393
27 https://www.facebook.com/groups/TensorFlowKR

영됩니다. 학술대회는 논문이나 포스터 발표 세션을 통해 자신의 연구 결과를 나누는 소통의 장이지만, 개발자 콘퍼런스는 주로 자신의 경험담을 나누고 싶은 개발자들의 발표 세션으로 구성됩니다.

발표자들은 검증된 정보를 준비해 오기 때문에, 콘퍼런스에 열심히 참여하여 다른 개발자들의 이야기를 듣는 것만으로도 업계의 동향을 빨리 파악할 수 있습니다. 따라서 관심 분야가 있다면 그 세션에 참여하여 발표를 듣는 것도 좋은 방법이며, 직접 발표자가 되어 본인이 겪었던 시행착오를 공유하는 것도 좋은 경험이 될 것입니다. 발표가 끝나면 많은 사람이 명함을 건네거나 식사 약속을 잡기 위해 다가올 수도 있습니다. 이런 기회를 놓치지 않는 것도 좋은 개발자로 성장하는 데 도움이 됩니다.

규모가 큰 콘퍼런스는 튜토리얼 세션도 운영합니다. 관련 분야의 전문가들을 초청하여, 유망한 첨단 기술의 사용 방법을 하나부터 열까지 체험하게 해주는 세션입니다. 전문가의 피드백을 실시간으로 받으며 현재 업계를 달구고 있는 기술들을 배워볼 소중한 기회이므로 여건이 된다면 꼭 수강해 보는 것을 추천합니다.

입문자나 초보자의 눈높이에서도 차근차근, 한 단계씩 친절하게 지도를 받을 수 있으므로 관심 있는 분야의 튜토리얼 세션이 열린다면 일단 신청하고 참석해 보시기 바랍니다.

또한 개발자 콘퍼런스에는 기업 홍보 부스와 헤드헌터 부스도 들어옵니다. 현재 전국에서 가장 귀한 대접을 받는 게 개발자 인력이라고 합니다. 그런데 전국 각지의 개발자들이 모두 모이는 행사가 있다? 인사담당자들 눈빛이 반짝일 수밖에 없습니다. 이름만 들어도 알 수 있는 네이버나 라인, 뱅크샐러드 등 유망한 기업이 부스를 꾸미고, 경품도 나눠주면서 회사를 홍보합니다. 기업에서 나눠주는 경품을 챙기는 것도 개발자 콘퍼런스에서 빼놓을 수 없는 콘텐츠입니다.

특히 보충역 입영 대상이거나 마이스터고등학교 졸업예정자들은 선배 개발자들로부터 무수한 악수 요청을 받을 수 있습니다. 병역특례 채용은 기업 입장에서도 무척이나 매력적인 요인이기 때문입니다. 잠시 부스에 앉아 병역특례 채용 절차에 대한 상담도 받고, 양손 가득 기념품도 받아 나오면 되겠습니다.

이제 막 개발자로의 진로를 꿈꾸는 여러분들께는 더더욱 소중한 기회가 될지도 모릅니다! 여러분이 관심 있는 분야의 채용 담당자에게 이렇게 물어보세요.

"이 회사에서는 어떤 기술을 공부한 개발자를 원하시나요? 저는 아직 공부 중인데 이 회사에 꼭 입사하고 싶어요." 이런 질문을 하면 아마 여러분이 공부해야 할 내용부터 순서, 그리고 최신 트렌드까지 모든 정보를 한 자리에서 얻어올 수 있을 것입니다.

특히 인터넷에서나 만날 수 있던 전문가들을 직접 대면할 수 있다는 것이 무척이나 매력적인 경험이 될 것입니다. 발표가 끝난 뒤

함께 사진을 찍거나 잠시 시간을 내줄 수 있는지 물어보는 용기를 발휘해 보세요. 운이 좋으면 업계의 유명 인사와 안면을 트고 고민 상담도 받을 수 있으니까요.

개발자의 직업병 :
타인의 결과물 참고하기

개발 공부의 장점 중 하나는 어떤 분야를 공부하든 참고할 만한 코드가 차고 넘친다는 것입니다. 심지어 코드에 대해서 질문하는 뉴비[28]가 있다면 전 세계의 개발자 선배들이 나서서 하나라도 더 알려주려고 합니다. 물론 기업에서 제품 개발에 사용되는 코드 등은 비공개가 원칙이므로, 그런 특수한 경우가 아니라면 개발자들은 자신의 코드를 공유하고 피드백 받거나 본인의 코드를 다른 사람이 인용하는 것을 굉장히 좋아합니다. 오죽하면 자기가 공개한 코드를 얼마나 많은 사람이 열람 또는 사용했는지를 측정하기도 하고, 가

---

28   뉴비 : 인터넷 게시판이나 동호회 활동을 갓 시작한 사람

장 널리 사용되는 코드들을 모아서 보관하기 위해 북극에 오픈 소스 금고까지 만들었을 정도입니다.

깃허브에서 다른 사람의 리포지토리repository[29]를 통으로 내려받아 사용하거나, 패키지 일부만 받아서 적용해보고, 임의로 코드를 수정하면서 동작이 어떻게 변하는지를 파악할 수도 있습니다. 그중에도 가장 좋은 것은, 나보다 경력이 많은 사람이 코드 구성을 얼마나 깔끔하게 해놨는지 참고할 수 있다는 것입니다. 동작 자체를 구현하는 것은 초보 개발자도 어떻게든 할 수 있겠지만, 코드 간의 종속성을 최대한 덜어내고 불필요한 동작 없이 간결하게 만드는 것은 경험치가 높아야 가능한 일이기 때문입니다.

대부분 코딩 교육에서 에셋asset이나 코드 대부분을 채운 키트kit를 미리 제공하는 이유가 여기에 있습니다. 숙련된 개발자의 의도대로 기획되고 작성된, 검증받은 프로그램을 다시 작성하고 수정하는 과정을 거치면서 작게는 변수의 생성이나 주석처리 등의 내부적인 규율, 크게는 코드의 구조와 구성, 프로젝트의 유지보수 등 거시적인 흐름을 자연스럽게 체득하는 것이지요.

물론 코드를 공개하지 않는 대부분 프로그램도 많은 도움이 됩니다. 예를 들어 게임을 하면서도 이런 이벤트는 어떻게 구현했을

---

29   리포지토리 : 인터넷상에 코드를 올려두는 저장 공간

지, 판정을 판단하는 시점을 어떻게 관리할지 등을 생각하는 것만으로도 공부에 큰 도움이 될 수 있고, 더 나아가고 싶다면 조악한 수준을 발휘해서나마 따라서 만들어 볼 수도 있습니다. 결과물을 보고 이걸 어떻게 구현할 수 있는지 여러 각도로 생각해보고 만들어 보는 교보재가 되는 것이지요.

트위치 스트리머 사이에서 유행하던 'Vampire Survivors'라는 게임이 있습니다. 간단하고 중독성 있는 형식으로 많은 사랑을 받았는데, 개발자로서도 꽤 매력적으로 느꼈던 이유는 내부 소스 코드 일부를 공개했기 때문입니다. 물론 모든 코드를 공개한 건 아니지만 아이템이나 캐릭터, 승리 및 보상 조건 등이 들어있는 데이터 파일이 오픈되었기 때문에 주니어 개발자들은 제품화까지 된 게임이 어떻게 내부 정보를 관리하고 정리해 두었는지, 조작을 통해 어떤 변화가 일어나는지도 열람할 수 있습니다.

베타리더의 의견

하루아침에 다 하기보다는 꾸준하게 마라톤을 뛰듯이 점진적으로 나아가야 한다는 것을 알 수 있었습니다.

— 대학생 홍승한 —

구체적인 공부 방법과 각각의 특성이 정리되어 있어 계획을 세우는데 가이드라인이 되었습니다.

— 직장인 A —

제가 학부에 처음 입학한 후 어떻게 학습해야 할지 고민할 때 선배들이 알려준 기본적인 내용과 팁이 잘 정리되어 있어 비전공자들에게 많은 도움이 될 것 같습니다.

— 취업준비생 김아름 —

비전공자들이 가장 막막해하는 부분이 공부를 시작하는 방법일 것 같은데요. 처음에 알고 시작하면 좋을 만한 정보들을 알려 주는 챕터입니다.

— 대학생 김하영 —

06
시행착오에서 배운 것들

지금 알았던 걸 그때도 알았더라면

 물리학 전공자 효석의 이야기

깔끔한 코드 지향하기

코드는 마음만 먹으면 얼마든지 길고 비효율적으로 작성할 수 있습니다. 하지만 같은 코드를 깔끔하고 정돈된, 소위 말하는 '아름다운 코드'로 만드는 것은 말처럼 쉬운 게 아닙니다. 코드를 간결하게 구성하려면 많은 경험과 지식이 있어야 하기 때문이지요.

오랜만에 드라이브를 정리하다가 봐서는 안 될 것을 보고 말았습니다. 예전에 제가 만든 코드였는데, 문자열에 특정 알파벳이 포함되어 있는지를 검색하는 단순한 기능을 구현하려고 수백 줄에 달하는, 오만가지 '삽질'을 해 놓은 과거의 저와 마주하고 말았습니다. 이왕 마주한 거 새롭게 코드를 짜봤는데, 고작 10줄 만에 구현되는 걸 보고 허탈한 마음이 들었습니다. 아마 저보다 더 실력이 좋은 분이 수정했다면 3~5줄로도 가능하지 않을까 생각합니다.

또 제가 구현하려고 했던 함수들이 이미 만들어진 경우가 자주 있었습니다. 단순하고 간단한 동작이거나, 특정한 목적을 가지고 코딩을 할 때 주로 쓰일 기능이라면 보통은 굉장히 세련된 형태로 이미 구현되어 있습니다. 이런 함수들을 사용하면 중복된 기능을 구현하느라 코드가 길어질 일도 없고, 다른 코드에서 호환하기에도 무리가 없겠죠.

기능을 만들어내는 것도 물론 중요합니다. 하지만 더 좋은 프로그래머가 되려면 목표에 도달하는 과정도 중요하게 여겨야 합니다. 같은 동작을 어떻게 하면 더 깔끔하고 간결하게 구현할 수 있을지를 고민하는 것이 한 뼘 더 성장할 수 있는 길인 것 같습니다.

기록 남기기

개발하다 보면 간단한 문제라고 생각했는데도 아예 밑바닥부터 들어내야 하는 무시무시한 상황을 마주할 때가 있습니다. 이때 이전에 이슈를 해결하기 위해 어떤 시도를 했는지 기록해두지 않으면 다음번에 관련된 이슈를 처리할 때 바닥을 한 번 더 들어내야 할 수도 있습니다. 하지만 이때 겪은 모든 일을 기억의 외장하드에 저장해 둔다면 있다면 불필요한 '삽질'을 줄일 수 있습니다.

저는 기억력이 안 좋은 편이라서 불과 일주일 전에 발생한 이슈도 잘 기억하지 못합니다. 그래서 이슈를 처리하면서 기록을 따로 남기지 않던 과거에는 제가 쓴 코드임에도 다시 읽느라 엄청난 시간을 낭비해야 했지요. 또 급한 이슈를 먼저 처리하다가 원래 이슈로 돌아왔을 때, 했던 실수를 또 하고 수정하는 바보 같은 짓도 했습니다.

흔히들 역사를 '인류의 오답 노트'라고 합니다. 이전에 일어났던 일들을 통해 같은 실수를 반복하지 않겠다는 뜻이겠지요. 그런 것처럼 내가 만든 코드의 역사를 기록해두면 이전에 겪었던 시행착오를 다시 겪지 않아도 됩니다. 또한, 너무 오래된 이슈라서 잘 기억나지 않는 일도 적어놓은 것을 한번 죽 읽어보면 기억을 되살릴 수 있습니다.

기록은 코드 안에 주석으로 남기기도 하고, 개발용 블로그나 이슈 사이트에 코멘트로 기록하기도 합니다. 두 기록은 성격이 조금 다른데, 주석은 해당 이슈가 완료된 후 정돈하여 적어두는 것이라면, 이슈 사이트에 올리는 코멘트는 길을 찾는 여정을 기록해두는 것입니다. 그리고 이런 로그들은 훌륭한 보조기억장치 역할을 합니다.

 생명공학 전공자 병현의 이야기

변수명으로 장난치면 안 됩니다

처음 코딩을 배울 때 이상한 데에 집착했습니다. 코드에 사용된 글자 수가 적으면 용량이 줄어들어서(용량이 작은 코드가 좋은 코드라고 생각했습니다) 불필요한 글자를 최대한 줄이고, 코드에 사용되는 변수 이름도 무조건 짧게 지었습니다.

예를 들어, 사람 이름을 저장하는 변수의 이름으로 myName를 사용한다면, 변수의 이름만 보고도 '아, 이름을 저장하고 있구나.'라고 바로 알아차릴 수 있겠지요? 그런데 저는 여섯 글자나 사용하는 게 비효율적이라는 생각에 a, b와 같이 짧은 알파벳 조합을 사용하려고 했습니다.

결국 제가 만든 프로그램의 용량은 줄어들었지만, 사람이 읽기에 매우 불편한 코드가 되어버렸죠. 그렇게 열심히 짠 코드는 추후

재활용이 곤란했습니다. 제가 과거에 짠 코드를 제가 알아볼 수 없었으니까요. 그래서 코딩하며 이름을 지어야 할 일이 생긴다면, 굉장히 신경 써서 지어야 한다는 교훈을 얻게 되었습니다.

주석은 상세하게 작성해야 합니다

주석은 개발자가 코드에 작성하는 일종의 메모이므로 상세하게 작성해야 합니다. 예를 들어 "이 부분의 코드는 하루에 한 번만 실행되어야 한다." 따위의 메모를 남겨 두는 것입니다. 주석을 상세하고 친절하게 남길수록 미래의 나와 동료 개발자들이 편해집니다.

누구든지 쉽게 이해할 수 있는 코드를 작성하는 사람이 훌륭한 개발자입니다. 저는 이 사실을 깨닫기까지 너무 오랜 시간이 걸렸습니다. 아예 처음부터 제대로 습관을 들였더라면, 잘못된 습관을 교정하기 위해 불필요한 시간과 노력을 하지 않아도 되었을 텐데요.

연습용으로 짠 코드는 잘 모아두어야 합니다

혼자 공부하며 작성한 코드는 별생각 없이 삭제하거나 폐기하는 경우가 많습니다. 딱히 경제적 가치도 없고, 남들에게 자랑할 만한 수준도 아니기 때문입니다. 하지만 이런 코드도 절대 삭제하지 말고 차곡차곡 모아두는 것을 강력하게 추천합니다.

컴퓨터공학 전공자라면 최소 4년간 집중된 교육을 받기 때문에 코드 작성 경험이 풍부할 것입니다. 따라서 기업 인사 담당자 입장에서도 지금까지 작성한 코드의 양이 적을까 봐 우려하지는 않습니다. 하지만 비전공자라면 입장이 조금 다릅니다. 특히 지원자가 6개월 국비교육과정을 수료한 비전공자라면 한층 더 고민되겠지요.

비전공자지만 실습 위주로 코딩 공부를 성실히 수행했다는 걸 보여주기 위해서라도 연습하는 과정에서 작성한 코드는 모두 모아두는 게 좋습니다. 적어도 제가 인사 담당자라면 지원자가 첨부한 코드는 반드시 읽어볼 것입니다.

뿐만 아닙니다. 비전공자에다 경력이 짧아도 변수명이나 주석에 신경 쓰는 모습을 어필할 수 있다면 무척이나 좋은 인상을 남기게 될 것입니다. 개발자의 일도 협업이기 때문에 함께 일할 동료들을 배려하는 마음이 있다는 점을 보여줄 수 있습니다.

이건 왜 안 해봤을까?

 물리학 전공자 효석의 이야기

용어와 개념을 정립해야 합니다

서버, 네트워크, 클라이언트 등 실생활에서 자주 쓰는 단어인데도 정확한 뜻을 말해보라고 하면 말문이 막히는 경우가 있습니다. 친숙한 동시에 생경하게 느껴지는 개념들이 마구 엉킨 상태에서는 책을 읽든 강의를 듣든 무엇을 설명하는 건지 어떻게 작동하는 건지 전혀 알아들을 수가 없습니다.

이 상태가 지속된다면, API나 쿠키, 세션[30] 같은 단어조차 머리

---

30 API, 쿠키(cookie), 세션(session) : 주로 웹 개발 분야에서 사용되는 기초적인 용어

에 들어오지 않는 시기가 옵니다. 그러면 TCP/IP[31] 같은 통신 프로토콜, http 헤더[32] 구조 같은 이후의 개념들은 아무리 받아들이려고 노력해도 노력에 그칠 뿐입니다. 결국에는 처음으로 돌아가서 기초 개념을 다시 공부하거나, 애매하게 정립된 개념을 붙들고 위태롭게 나아가거나 둘 중 하나를 택할 수밖에 없을 겁니다.

이런 사태를 방지하려면 첫 단추부터 신중하고 꼼꼼하게 꿰어야 합니다. 대부분의 코딩 스터디에서는 초보 개발자들이 깃허브 계정을 만들 때, velog https://velog.io 등 개발자들을 위한 블로그를 같이 만들도록 권장하고 있습니다. 본인의 개발 과정을 기록하는 목적도 있지만, 그 외에도 본인이 새로 공부하는 내용을 정리할 수 있는 공간을 마련하라는 뜻이지요.

여기에 본인이 공부하면서 알게 된 내용, 비슷하거나 헷갈리거나 처음 접해서 생소한 것들을 따로 기록했다가 틈틈이 복습하면 용어와 개념을 확실히 이해하는 데 큰 도움이 됩니다.

---

31 TCP/IP : 전자통신 규격의 일종
32 헤더(header) : 데이터에 대한 설명 등을 적어두는 공간

유사한 프로그래밍 언어를 배워보아야 합니다

만약 여러분이 온라인으로 코딩 공부를 하고 있다면, 현재 다루고 있는 언어와 유사한 다른 언어를 한 번쯤은 다뤄보기를 바랍니다.

예를 들어, 저는 파이썬을 독학, 코딩 스터디, 온라인 교육으로 접했습니다. 셋 다 장단점이 있지만, 온라인 교육을 들을 때 공부를 좀 더 확장하는 게 유리하다는 생각이 들었습니다(무료 교육이라서 그렇게 느낀 것일 수도 있지만). 마침 파이썬 연관 강좌에 루비Ruby가 있어서 같이 수강했는데, 나중에 알게 된 사실이지만 루비가 파이썬 연관 강좌로 뜬 이유가 파이썬을 비롯한 여러 언어의 문법이나 구조를 계승하여 좀 더 일반적으로 사용할 수 있게 만들어진 언어였기 때문입니다. 실제로 루비와 파이썬이 라이벌 포지션이라고도 하고요.

유사한 언어를 배우면 여러 언어를 좀 더 쉽게 확장할 수 있다는 장점도 있지만, 두 언어가 왜 유사한지 좀 더 직관적으로 생각할 수 있습니다. 같은 언어 기반인지, 왜 이런 구조를 가지게 되었는지 등 근간을 파고드는 게 좀 더 유리하다는 의미입니다.

 생명공학 전공자 병현의 이야기

열심히 콘퍼런스를 찾아다니세요

　저는 대전과 경북 지역에서 주로 활동하다 보니 개발자 콘퍼런스를 접할 기회가 별로 없었습니다. 2019년 초에 연사로 초청받고서야 서울에서 열린 개발자 콘퍼런스에 참석해 봤습니다. 처음 참석한 콘퍼런스는 그야말로 별천지였습니다. 이제 갓 코딩 공부를 시작한 분들부터 유명한 회사의 연구소장까지, 굉장히 넓은 스펙트럼의 개발자들이 참석해 공통된 관심사를 나누고 있었거든요.

　게다가 개발자 콘퍼런스에는 항상 기업의 채용 홍보부스가 따라옵니다. 학원 강사나 오래전에 취업한 선배한테서 듣는 정보도 좋지만, 현장까지 버선발로 마중 나온 채용 담당자에게 듣는 생생한 정보와는 비교가 되지 않더군요.

　당장 취업할 생각이 없더라도 기업 부스를 둘러보는 것은 무척 가치 있는 일입니다. 관심 있는 기업의 부스에 방문하여 그 기업이 선호하는 프로그래밍 언어는 무엇인지, 어떤 방향으로 포트폴리오를 준비하면 될지 문의하고 답변까지 들을 수도 있거든요.

　기업이 개발자를 채용하려고 헤드헌터에게 수천만 원 이상을 쓰는 마당에, 회사에 관심을 갖고 스스로 찾아온 예비지원자들을 냉대할 이유가 없겠지요. 또 열정 넘치는 예비지원자들을 상담해주다가 그 에너지에 동화되어 실수로 연봉 정보를 흘리는(아주 드문 일이지만) 선배 개발자도 만날 수 있으니 이런 '나이스'한 기회를 놓치지 않았으면 합니다.

그 외에도 '튜토리얼'이라는 이름이 붙은 세션이 콘퍼런스에 있다면 욕심내서 참석해보기를 바랍니다. 해당 분야의 전문가들이 입문자를 대상으로, 하나부터 열까지 차근차근 실습을 통해 알려주는 행사이기 때문입니다. 잘나가는 업계 대선배들의 강연을 듣는 것도 무척이나 유익하고요.

제가 초보 개발자였던 시절에 이런 콘퍼런스를 알았더라면 열심히 참석해서 훨씬 빠르고 쉽게 실력을 쌓았을 텐데, 아쉬운 마음이 듭니다. 부디 여러분은 이런 기회를 놓치지 말고 활용해보는 것을 적극적으로 추천합니다.

코드 컨벤션을 공부하세요

코드 컨벤션은 IT 업계에서 통용되는 코딩 매너를 의미합니다. 이를테면 "파이썬을 사용하는 전 세계의 개발자 여러분! 우리 이런 코드는 이렇게 작성할까요?"라는 식의 합의점입니다.

코드 컨벤션을 잘 따르는 개발자들은 서로의 코드를 쉽게 해석하고 이해할 수 있습니다. 반면 코드 컨벤션을 따르지 않고 나만의 방식으로 코드를 작성하는 사람은 주변 사람들과 코드로 소통하기가 힘들고요.

혼자서 회사를 차려 운영할 것이 아니라면, 개발자는 필수적으로 협업을 통해서만 살아남을 수 있는 직종입니다. 최근에는 IT 서비스들의 규모도 커지고 기능도 많아지다 보니 하나의 애플리케이션을 만들기 위해 수십 명의 개발자가 참여해 협업하는 경우도 흔하고요. 그러다 보니 동료들과 통일된 규격에 맞추어 코드를 작성하는 역량이 무척 중요합니다. 따라서 가능하면 최신 코드 컨벤션을 따라 공부하여 코딩 습관 자체를 업계 평균과 비슷하게 튜닝하는 작업을 거칠 필요가 있습니다.

PyCharm(파이참), Visual Studio Code(비주얼 스튜디오 코드) 등 유명한 개발 도구들을 사용하면 코드 컨벤션을 위반할 때마다 노란색 밑줄이 그어지며 사용자가 코드 컨벤션을 지킬 수 있도록 도와줍니다. 입문 단계에서부터 이런 도구를 적극적으로 활용하는 것을 강력히 추천합니다.

그런 짓은 하지 말았어야 했는데

 물리학 전공자 효석의 이야기

오랫동안 혼자서 끙끙 앓는 것은 좋지 않습니다

학창 시절에 공부하다가 도저히 풀릴 것 같지 않던 문제의 답을 스스로 찾았을 때의 희열은 이루 말할 수 없습니다. 이처럼 스스로 이뤄낸 성취감은 무척 중독성 있습니다. 그런데 답을 찾기까지의 '고민의 과정'이 가치 있는 것은 맞지만 언제나 정답을 찾을 수 있는 건 아닙니다. 코딩도 마찬가지입니다. 늘 정답이 도출되는 것은 아닙니다. 좀 더 극단적으로 말하면 시간과 노력을 있는 대로 쏟아붓고 아무것도 못 건지는 경우가 있습니다.

개발자는 연구원과 다른 포지션입니다. 무언가를 개발해야 살아남을 수 있는 사람이죠. 어려운 이슈를 깊이 고민하고 어떻게든 답을 찾아내려는 의지력도 분명히 득이 되지만, 안타깝게도 우리의 시간은 무한하지 않습니다. 따라서 개발자는 한정된 자원을 효율적으로 사용할 줄 아는 능력도 있어야 합니다. 한 문제에 꽂혀서 하염없이 시간을 낭비하며 에너지를 소비하지 말고, 고민이 너무 길어진다면 선배 개발자나 포럼에 물어보는 것이 훨씬 현명합니다.

다양한 분야에 관심을 두는 것이 좋습니다

〈이상한 나라의 앨리스〉에 나오는 '토끼굴'을 아시나요? 영화나 책에선 '토끼굴'이 철학적인 의미로 쓰이지만, 최근에는 가도 가도 끝이 없는 길을 계속 가는 것처럼, 공부에 필요한 새로운 지식을 계속 익히려는 현상을 설명하는 용어로 많이 쓰이고 있습니다.

예를 들어 프로그래밍 중에 어떤 이슈가 발견되었다고 가정해 보겠습니다. 그 이슈를 해결하기 위해 구글링하다가, 그와 관련된 이론을 찾아보고, 이론을 알기 위해 또 다른 관련 자료를 뒤지고, 그러다가 모르는 내용이 나오면 또 논문을 찾아보고, 심지어는 수학적 지식이 필요할 것 같아 선형대수학 개론을 찾아 듣기까지 합니다. 이런 일은 주니어 개발자뿐만 아니라 시니어 개발자들조차도 종종 하는 실수입니다. 현재 막혀 있는 부분을 해결하기 위해 더 근원적인 지식이 필요하다고 생각하는 거죠.

특히 요즘엔 위키 기반의 검색 사이트가 많아서 링크만 따라 가면 지식의 바다에서 표류하기 쉽습니다. 어떤 글을 보다가 모르는 단어 또는 호기심을 부르는 사건의 링크를 하염없이 따라가며 시간을 보낸 경험이 한 번쯤은 있을 것으로 생각합니다.

다양한 지식을 알면 어떤 상황이 닥쳐도 유연하게 대처할 수 있겠지만, 앞서 말했듯 개발자의 시간과 체력은 유한하지 않습니다. 따라서 이슈가 생겼을 때 당장 필요한 정보가 무엇인지 명확히 하고, 답을 찾았다면 그 지식의 조각만으로 만족하고 넘어가야 합니다. 나중에 해당 주제에 대해 더 알아보고 싶다면 기억할 수 있도록 코멘트에 링크를 달아두는 것으로 충분합니다.

늘 새로운 시도에 도전하세요

앞서 시간과 체력은 한정되어 있으니 아껴 쓰라고 말해놓고 이런 얘기를 하는 게 민망하지만, 무언가를 새롭게 배워야 한다면 망설이지 말고 도전했으면 합니다.

하나의 직업, 한 가지 기술로 평생을 먹고살 수 있다면 무척 편리할 것 같습니다. 추가적인 노력을 기울이지 않아도 경험치는 점점 쌓이고, 숙련도는 높아지고, 경력도 인정받고…. 정말 꿈같은 인생이네요.

하지만 매일같이 새로운 것들이 쏟아지는 환경에서 일하는 개발자들은 그럴 수 없습니다. 에이다 러브레이스Ada Lovelace[33]를 최초의 프로그래머라고 가정해도, 컴퓨터공학의 역사는 200년이 채 안 됩니다. 그 짧은 기간에 IT 분야는 엄청난 속도로 발전해왔고, 앞으로도 쏟아져 나올 기술들이 무궁무진합니다.

즉, 개발자는 끊임없이 공부할 수밖에 없는 운명이라는 것입니다. 학창 시절에 배운 것으로 먹고살 수 있는 직종도 아니지만, 시대의 요구에 따라 언어나 기술을 새로 익히거나 심지어는 직종까지 전환해야 할 정도로 트렌드에 민감할 수밖에 없습니다. 그만큼 개발자에게 새로운 시도는 지극히 일상적인 것입니다.

 생명공학 전공자 병현의 이야기

밤을 지새우는 것은 좋지 않습니다

커피와 에너지음료를 쌓아두고 새벽까지 코딩하는 나, 불 꺼진 도시에서 홀로 모니터 위를 질주하는 나만의 코드, 무척 멋지고 낭만적인 일처럼 보입니다. 하지만 밤샘 코딩은 되도록 하지 않는 것

---

33 에이다 러브레이스 : 최초의 프로그래머로 알려져 있다. 프로그래밍 언어에서 사용되는 중요한 개념인 루프, 점프, if문과 같은 제어문의 개념을 소개하였다.

을 추천합니다.

사업을 하려면 먼저 밑천을 파악해야 합니다. 그렇게 파악한 밑천을 어떻게든 합리적으로 소모하며 조금씩 사업의 규모를 키워나가야 하죠. 개발자의 사업 밑천은 바로 '뇌'입니다.

그런데 수면 부족은 뇌 기능 유지에 치명적입니다. 하룻밤을 새우면 다음 날 컨디션이 눈에 띄게 떨어지고, 회복하는 데 며칠이 걸릴 수 있습니다. 당장은 깨닫지 못해도 나중에 버그를 잡으려고 코드를 다시 펼쳐보면, '이 코드를 왜 이렇게 짰을까?'하며 후회할 일이 생길 겁니다.

개발자는 평생 퍼즐을 풀며 돈을 버는 사람이라 생각해도 좋습니다. 알쏭달쏭한 상황을 분석하고 해결하며, 솔루션을 코드로 옮기는 사람이지요. 항상 최선의 솔루션에 도달해야만 하는 사람들입니다.

따라서 개발자의 퍼포먼스는 본인의 뇌가 가진 역량을 뛰어넘을 수 없습니다. 피곤한 뇌는 여러분의 작업 결과물을 망칠 수 있습니다. 개발자는 오늘 하루만 코딩하고 그만둘 것이 아니라 앞으로 평생 코딩하며 살아가야 합니다. 단거리 질주가 아니라 마라톤이지요. 따라서 항상 체력 관리에 신경 써야 하며, 충분히 수면을 취해야 멀리 갈 수 있습니다. 빠르게 짠 코드보다는 잘 짠 코드가 더 좋습니다.

장비에 큰돈을 투자할 필요는 없습니다

개발자에게 컴퓨터는 밥벌이 수단입니다. 직장에서 온종일 붙들고 있다가 퇴근하고 집에 가서 또 만지는 것이 컴퓨터죠. 그래서 개발자 중엔 장비에 돈을 아끼지 않는 사람들이 많습니다.

저는 지금까지 총 4종류의 맥북을 사용해 봤습니다. 4백만 원짜리 맥북을 써 본 적도 있고요. 그런데 돌고 돌아서 지금은 가장 가벼운 맥북 에어를 사용하고 있습니다.

비싼 노트북을 사용하면 코드가 더 빨리 작동하는 것은 사실입니다. 하지만 제가 머리를 쥐어짜며 코드를 작성하는 시간이 줄어드는 것은 아니더라고요. 차라리 집중해서 열심히 코드를 작성하고, 코드가 실행되는 동안 기지개를 켜거나 정수기에서 물을 받아오는 편이 훨씬 컨디션 관리에도 도움이 되었습니다.

그리고 최근에는 애플이 성능 좋은 CPU를 개발하면서 가장 저렴한 맥북 에어 라인업으로도 코드가 굉장히 빠르게 실행됩니다. 인공지능이나 백엔드 분야의 경우, 본인의 컴퓨터가 아니라 회사가 보유한 서버 컴퓨터가 연산을 대신 수행하므로 비싼 컴퓨터를 사용할 이유도 전혀 없습니다. 저는 가끔 태블릿 PC만 갖고 출근하기도 합니다.

다만 종일 코드를 작성하고 있자니 손목이 아파서 손목 건강에 좋다는 장비에는 돈을 아끼지 않고 있습니다. 인체공학적으로 설계

되었다는 마우스나 키보드 같은 제품들 말입니다.

합리적인 예산으로 적당한 장비를 구매해도 여러분이 개발자로 취직하는 데 전혀 문제없습니다. 소위 성능 때문에 발목 잡힐 일은 없다는 뜻입니다. 굳이 비용을 투자하려면 여러분의 손에 딱 맞는 기계식 키보드를 하나쯤 장만하는 것은 좋을지도 모르겠네요. 온종일 자판을 두드리는 것이 직업이다 보니, 손에 착착 감기는 키보드에 집착하는 개발자들이 꽤 많은 편입니다.

모든 것을 직접 만들려고 애쓸 필요는 없습니다

요즘은 오픈 소스 생태계가 워낙 활발하게 작동하고 있어서 여러분이 상상하는 대부분 기능은 이미 누군가가 만들어서 오픈 소스로 공개하고 있을 가능성이 큽니다. 이를 빠르게 검색하고, 빠르게 가져와 여러분의 코드에 탑재시키는 것이 굉장히 중요한 능력입니다.

그런데 저는 남이 만들어 둔 것을 가져와 사용하는 게 조금 자존심 상했던 것 같습니다. 그래서 거의 모든 기능을 직접 제작하려고 애썼죠. 덕분에 코딩 실력이 조금씩 늘어나기는 했는데, 상당히 오랜 시간 동안 제자리걸음을 했습니다.

만약 적극적으로 오픈 소스를 가져다 썼으면 저는 코딩을 배운 첫해에 그럴싸한 게임이나 주식 자동 거래 시스템을 만드는 데 성공했을지도 모릅니다. 그렇지만 모든 것을 직접 하려고 하니, 그런

화려한 프로그램과는 동떨어진 기초적인 프로그램밖에 만들 수 없었지요.

　세상이 발전하며 개발자에게 필요한 역량도 점차 바뀌고 있습니다. 검색을 통해 해결할 수 있는 문제는 검색으로 해결하고, 오픈 소스로 처리할 수 있는 부분은 오픈 소스를 적극적으로 활용하는 것이 현대의 실력 있는 개발자에게 요구되는 역량인 것 같아요. 이런 훈련도 열심히 해보는 것을 권장합니다.

이건 여러분도 꼭 해보길 바라요

 물리학 전공자 효석의 이야기

다른 사람들과 같이 일해봐야 합니다

어느 분야든 똑같지만, 개발자는 결코 혼자 일할 수 없습니다. 혼자 공부하기 위한 작은 프로젝트 정도야 어떻게든 가능하겠지만, 조금만 규모가 커져도 감당이 안 되는 일들이 많지요.

게임 개발만 해도 사운드나 게임 원화까지는 무료 사이트에서 가져올 수 있다고 해도, 게임 플롯이나 시나리오 작성, 사운드와 그림 파일 삽입, 버튼이나 메뉴 화면 배치, 이용할 기기에 따른 해상도 맞추기, 내부 로직 구현 등 할 일이 태산입니다.

따라서 개발자는 다른 사람과의 협업에 익숙해져야 합니다. 일정을 조율하고 업무를 분담하는 것부터, 상대방의 업무처리 방식이나 코드를 이해하는 방법도 배워나가야 합니다. 상대방의 코드를 서로 리뷰하고, 어떤 방식이 더 좋은지 같이 고민하는 것 역시 필요한 과정입니다.

만약 협동 프로젝트를 진행하다가 이슈가 발생했을 때, 혼자 고민하며 하나의 방법에만 매달리다가는 하염없이 시간만 낭비할 수 있습니다. 이때 문제를 해결하는 다양한 방법을 공유할 수 있고, 각자의 전문 분야가 다르다면 다양한 필드로 견문을 넓히는 계기가 될 수도 있습니다. 협업을 하는 데 있어서 상대방의 용어를 아는 것도 무척 중요하기 때문에, 커뮤니케이션 효율을 높이기 위한 좋은 연습이 될 것으로 생각합니다.

다른 사람들이 만든 프로젝트를 많이 리뷰해야 합니다

아이작 뉴턴의 말 중에 "거인의 어깨에 올라서서 더 넓은 세상을 바라보라."라는 말이 있습니다. 뉴턴의 겸손을 나타내는 명언이지만, 결론적으로는 타인의 노력이 있었기에 빠르게 결과에 도달할 수 있었다는 뜻이지요.

타인의 프로젝트를 참고하는 것은, 온전히는 아니더라도 다른 사람의 시행착오를 건너뛰고 경험치만 내 것으로 만드는 방법입니다. 깃허브, 개발자가 이용하는 툴의 에셋 스토어, 개발자들의 개인 블로그에는 프로젝트의 진행과 경과, 겪기 쉬운 시행착오, 정제된 결론이 공유되어 있습니다. 보란 듯이 공개해놓은 타인의 경험과 실패를 보며 내 실력을 향상시킬 수 있습니다.

물론 어디까지나 본인의 실력을 조금 더 빨리 성장시키기 위한 하나의 수단으로 사용해야지, 무엇인지도 모르는 채 무작정 따라 하는 것은 그다지 좋지 않습니다. 이 사람이 왜 이런 방식으로 코드를 작성했고, 구조나 구현 면에서 어떤 개선점이 있는지를 끊임없이 생각하면서 프로젝트를 리뷰해야 합니다.

흥미를 유지할 수 있는 자기만의 방법을 만들어야 합니다

공부하는 데 있어 가장 중요한 부분은 동기라고 생각합니다. 진도가 더디거나 당장 이해되지 않아서 어렵게 느껴지는 부분이 있다 하더라도 일시적인 문제일 뿐, 언젠가는 해결되는 문제입니다. 하지만 이 모든 행위가 무의미해지고 공부에 흥미를 잃는 순간이 오면 앞으로 한 발짝도 나갈 수 없게 됩니다.

저 역시 개발 공부를 처음 시작할 때, 에디터나 콘솔 창은 즉각적인 공부의 효과를 보기에는 다소 부족하다고 생각했습니다. 코드에 따라 무언가가 구동되는 시각적인 효과가 있어야 흥미를 느꼈죠. 이런 이유로 프론트엔드를 공부할 때 더 재미를 느꼈고, 유니티를 이용한 게임 개발에 흥미를 느낀 것도 마찬가지 이유입니다.

사람마다 동기나 흥미를 느끼는 부분은 다릅니다. 저처럼 시각적인 효과가 강력하게 작용하는 편이라면, 웹 개발이나 게임 개발을 시도해 보는 게 좋습니다. 본인이 앱 개발을 하고 싶다면, 앱 개발에 도움이 되는 툴을 사용한다거나 개발에 필요한 사항들을 리스트로 만들어 하나하나 해결하는 방식도 좋습니다. 본인만의 목표를 세우거나, 본인이 가장 좋아하는 방식으로 흥미를 잃지 않고 공부를 이어 나갈 수 있기를 바랍니다.

생명공학 전공자 병현의 이야기

무조건 많이 코딩해보세요

코드는 무조건 많이 만들어 보는 것이 최고인 것 같습니다. 예체능 분야와 어느 정도 일맥상통하는 부분이 있는데요, 머리로만 알고 있어서는 한계가 있습니다. 많은 훈련을 통해 몸이 기억하는 습관처럼 만들어서 무의식중에도 고민 없이 솔루션을 척척 내놓을 수 있어야 합니다.

저는 어떻게든 일상에서 사용할 수 있는 프로그램을 만들어 보려고 애썼습니다. 쓸데없이 가계부도 코드로 짜 보고, 스마트폰의 GPS 기록을 불러와 지도 위에 제가 돌아다녔던 경로를 빨간색 선으로 표시해 보기도 했고요. 실용성이 있든 없든 무엇이든지 많이 만들어 보며 제가 할 수 있는 영역을 넓혀 나가려 했습니다.

그때의 경험이 지금 무척이나 큰 자산이 되었습니다. 겪어본 적 없는 문제, 만들어 본 적 없는 기능이라는 숙제를 만나더라도 구글 검색만 조금 하면 얼마든지 해결할 수 있을 거라는 자신이 있거든요.

어차피 개발자는 평생 새로운 기술을 습득하고 구사해 나가야 하는 직업입니다. 다양한 방법으로 코딩 경험을 쌓는 것은 기술 습득력 자체를 성장시킬 수 있는 거의 유일한 방법이 아닐까 생각합니다.

또한, 여러 번 겪어 본 상황을 대처하는 역량이 몰라보게 성장하는 것을 체감할 수 있을 겁니다. 예전에는 오랜 시간 고민해야 나왔던 코드도 어느 순간부터 별 고민 없이 딴생각을 하면서도 술술 나오는 경험을 하게 될 것입니다.

조금씩이라도 좋으니 매일 꾸준히 코딩 연습을 한다면 같은 시간 동안 작성할 수 있는 코드의 길이가 거의 두 세배 껑충 뛸 것입니다. 굉장히 직관적인 실력 향상의 증거물이죠.

과거의 내 작품을 현재 실력으로 첨삭해보세요

개발자 업무 중에서 가장 어려운 것이 남이 짠 코드를 해석하는 일이라고 합니다. 이 암담한 기분을 느끼고 싶다면, 멀리 갈 것도 없이 일주일 전에 내가 짠 코드를 다시 살펴보면 됩니다. 내가 이 코드를 왜 이렇게 짰을까? 이건 무슨 기능을 수행하는 거지? 내가 짠 코드를 보며 머리가 아파오는 경험을 할 수 있을 것입니다.

과거의 내가 짠 코드를 현재의 내가 발전된 실력으로 다시 다듬어보는 것도 실력을 빠르게 키울 수 있는 방법의 하나입니다. 특히 어느 순간엔가 "나중에 알아보기 쉽게 코드를 짜야겠다."라는 마음가짐이 자리 잡게 될 것입니다.

이는 결국 협업을 위한 기초체력을 닦는 것과도 마찬가지입니다. 실력을 빠르게 향상하면서도 기업이 원하는 개발자 인재상에 가장 빠르게 다가가는 방법이지요.

사이드 프로젝트에 도전해보세요

한 가지 분야만 공부하거나 회사에 취직해서 한 가지 분야의 프로그램만 만들다 보면 다른 분야의 감각이 떨어지기 마련입니다. 따라서 퇴근 후에 공부하는 느낌으로, 평소 업무에서 다루는 분야와는 다른 분야의 코드를 조금씩 작성해 보는 것을 추천합니다.

책을 보고 연습하는 건 재미도 없고 별다른 효용성도 없으므로, 사이드 프로젝트를 수행하는 것을 추천합니다. 예를 들면, 저는 최근에 퇴근 후 암호화폐 자동 거래 시스템과 NFT 자동 생성 시스템을 만들어 봤습니다.

통신이나 알고리즘 트레이딩 분야는 물론, 윈도와 맥OS에서 동작하는 애플리케이션 제작까지 경험하면서 다양한 분야의 기술을 체험했습니다. 원래 알던 분야의 감각도 유지하고 몰랐던 분야의 경험까지 쌓으며 실력이 많이 늘었다고 자신합니다.

저는 원래 백엔드에 탑재될 인공지능 기술의 코어 엔진을 제작하거나 논문에 들어갈 소스 코드를 작성하는 일을 하지만, 사이드 프로젝트 경험으로 인해 이제는 일반 사용자들이 컴퓨터나 스마트폰에서 제가 만든 기술을 즉시 실행해 볼 수 있는 프로그램을 만들 수 있게 되었습니다.

제가 가진 공학자로서 파급력이 조금 더 성장한 것이지요. 이처럼 사이드 프로젝트를 통해 부족한 역량을 보충하여 한 단계 더 높은 곳으로 성장하는 것을 강력하게 추천하고 싶습니다.

베타리더의 의견

깃허브에 기록하고, 주석을 꼼꼼하게 작성하면서 배우고 기록해야겠다고 생각했습니다.
- 대학생 홍승한 -

콘퍼런스 참석, 블로그 운영 등 잘 아는 선배에게서 들을 수 있는 현실적인 팁들을 알 수 있어서 좋았습니다. 다음 페이지에 나오는 개발자 적성테스트가 특히 재미있었습니다. 하고 싶었던 직종이 나와서 괜히 기분이 좋기도 했고요.
- 직장인 A -

시작하는 입장에서 어떤 것을 조심하고, 어떤 것을 해야 할지 지도를 그려주셨네요!
- 취업준비생 C -

좀 더 일찍 알았으면 좋았을 코멘트들이 있어 도움이 될 것 같아요. 현재 취준생인 제가 후회하고 있는 내용도 들어 있어서 그 부분에 대한 답을 찾은 것 같습니다.
- 대학생 김아름 -

개발자 적성테스트

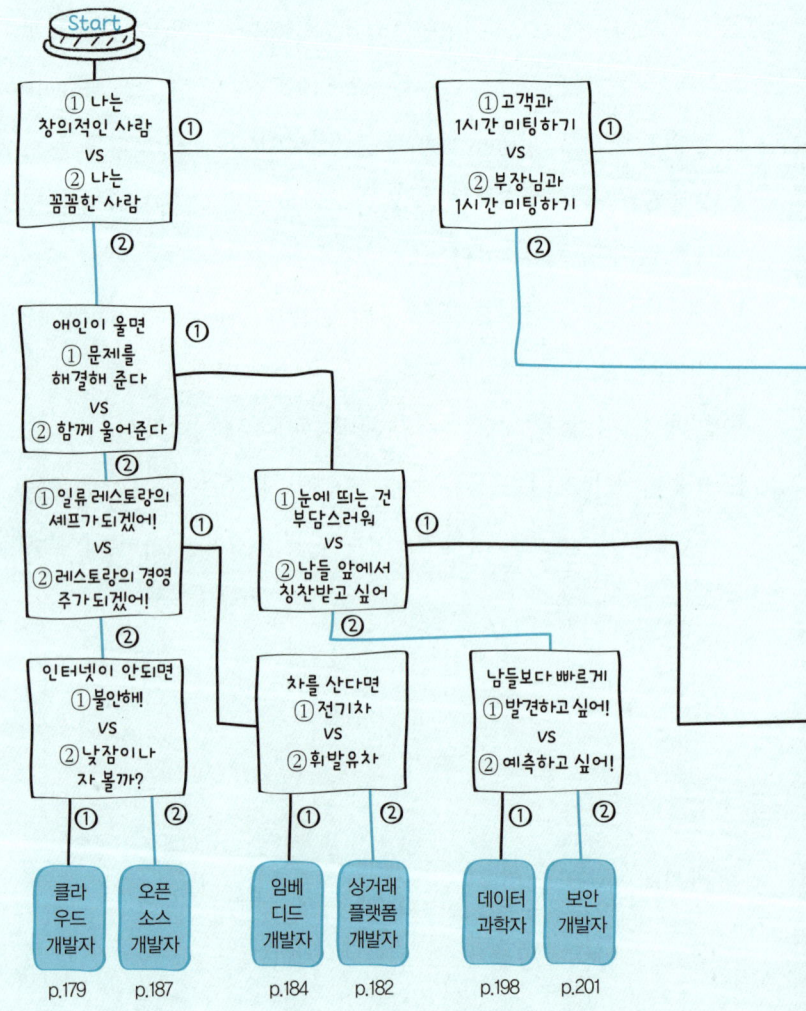

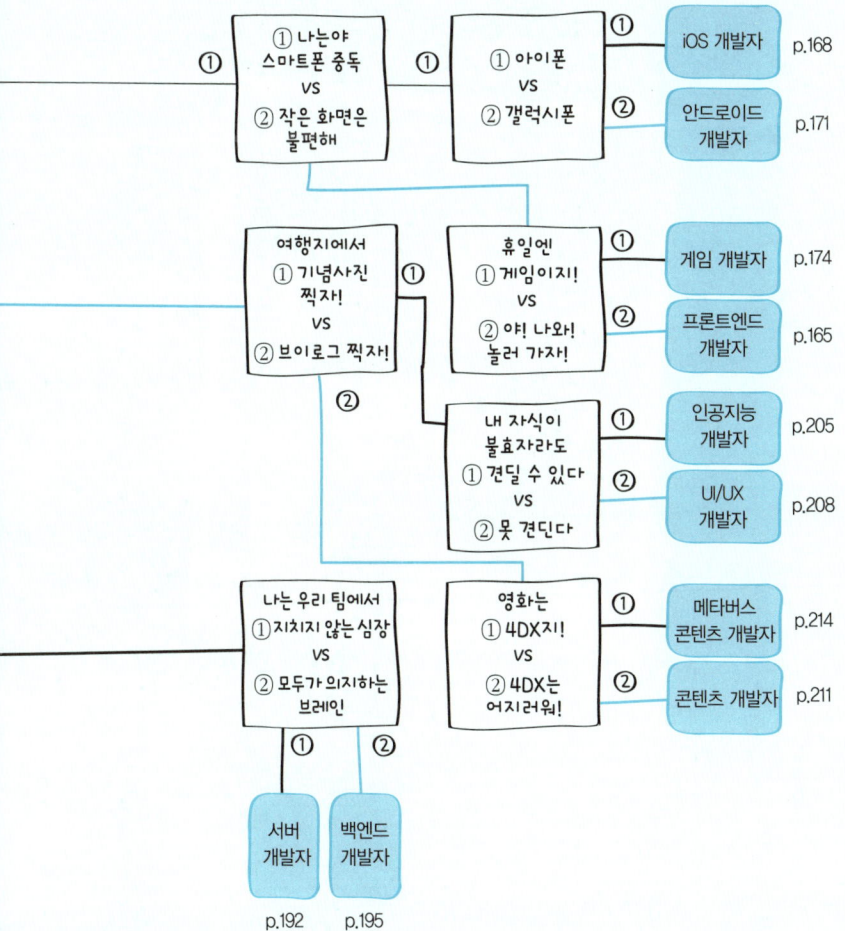

PART 3

개발자 적성 파악하기

개발자의 여러 직군

07 임기응변과 유연한 사고가 필요한 분야
08 꾸준한 노력과 꼼꼼함이 필요한 분야
09 수학적 지식이 필요한 분야
10 마르지 않는 창의력이 필요한 분야

07
임기응변과 유연한 사고가
필요한 분야

프론트엔드 개발자

주로 사용하는 기술	마크업 언어 및 호환되는 프로그래밍 언어
필요한 지식	마크업 언어, 정보통신, 최적화 등
평상시 하는 업무	프론트엔드 개발 및 관리
채용 직군	대부분 IT기업

 소프트웨어 제품은 크게 프론트엔드와 백엔드로 구분됩니다. 백엔드는 사용자의 눈에 보이지 않는 뒤편에 있다고 해서 백엔드backend라고 부르며, 프론트엔드는 사람들의 눈에 띄는 전면에 있다고 해서 프론트엔드frontend라고 부릅니다.

 복잡한 연산이나 보안이 중요한 정보들, 혹은 첨단기술들과 관련된 기능은 주로 백엔드 개발자들이 처리하는 영역이며, 서버 측에서 처리하는 경우가 많습니다. 반면 프론트엔드는 사용자들로부터 명령을 입력받거나 그래픽 화면을 표현하는 등, 사용자가 사용 중인 전자기기에서 처리하는 경우가 많고요. 프론트엔드 개발자는 사용자의 전자기기에서 구동되는 프론트엔드를 제작하는 개발자입니다.

웹 페이지, 스마트폰 애플리케이션 등이 대표적인 프론트엔드입니다. 컴퓨터는 0과 1만 아는 존재이므로 우리가 평상시 사용하는 애플리케이션들도 어딘가에서는 0과 1만으로 이루어진 복잡한 코드로 돌아가고 있을 것입니다. 하지만 우리의 눈에는 글자, 그림, 버튼, 동영상으로 구현되어 나타나지요.

이처럼 인간과 컴퓨터 사이를 연결해주며, 여러 기능을 사람에게 편안하게 제공하는 것이 프론트엔드 개발자의 주된 임무입니다. 아, 물론 아름다운 디자인을 구현하는 것도 중요합니다. 대부분 조직에서는 디자이너가 별도의 디자인을 설계해 주면, 프론트엔드 개발자는 디자이너의 설계를 따라 소프트웨어를 제작합니다.

웹 페이지를 만드는 프론트엔드 개발자를 웹 프론트엔드 개발자라고 부릅니다. 스마트폰 애플리케이션의 경우 독자적인 분야로 성장하여 IT 산업의 주축이 되었으므로 '앱 개발자', '안드로이드 개발자', 'iOS 개발자' 등으로 부르는 경우가 더 많습니다.

프론트엔드 개발자는 기능을 구현하면서도 동시에 어떻게 하면 사용자들이 조금 더 편리하게 서비스를 사용할 수 있을지 꾸준히 고민해야 합니다. 아울러 정보를 화면에 아름답게 표시하기 위해 사용하는 '마크업 언어'는 비교적 활용도가 자유로운 편입니다. 나쁘게 말하면 근본이 없고, 좋게 말하면 한계가 없지요. 여기에서 오는 스트레스도 적지 않습니다.

따라서 프론트엔드 개발자는 항상 머릿속에서 새로운 경우의 수를 조합하며 개발을 진행해야 하며, 때로는 임기응변으로 유연하게 대처하여 디자이너의 요구사항을 맞춰야 할 때도 있습니다.

프론트엔드는 현재 가장 수요가 많은 개발자 분야이기도 합니다. 새로운 IT 서비스가 출시될 때마다 프론트엔드 개발자가 추가로 필요하기 때문입니다.

iOS 개발자

주로 사용하는 기술	Swift, Objective-C
필요한 지식	데이터베이스, 운영체제, 통신, 알고리즘 등
평상시 하는 업무	iOS 기반 서비스 개발 및 관리, 기기 제어 구현 등
채용 직군	iOS 기기 대상 서비스를 제공하는 대부분 IT기업

 2007년, 애플 사가 희대의 혁신 작품인 1세대 아이폰을 최초 공개하면서 전 세계가 대격변을 겪었고, 안드로이드 연합과 애플Apple 사의 점유율 경쟁이 시작되었습니다. 그리고 iOS 2 업데이트로 앱스토어가 추가되었고, 이때를 기점으로 IT 업계에서는 iOS를 기반으로 한 소프트웨어를 개발할 필요성을 느끼기 시작했습니다. 그리고 이 니즈는 지금에 이르러서도 현재 진행형입니다.

최근에는 점유율이 조금 밀리기도 했고 한국 한정으로 워낙 쟁쟁한 애플의 대항마 삼성이 있는 데다가 애플 기기의 비싼 가격이라는 진입장벽에 신입 구인이 많지 않은 것까지 맞물려 국내에는 iOS 개발자가 다소 적은 편이었습니다. 하지만 수요가 적은 것보다 공급이 훨씬 적기 때문에 아이러니하게도 iOS 서비스 업체 역시 구인난에 시달리고 있습니다.

iOS 개발자들은 안드로이드 개발자에 비해 적은 기기들을 상대하므로 여러 강점을 지닙니다. 애플에서 생산한 기기만 신경 쓰면 되기 때문에 아무리 많이 잡아도 아이폰, 아이패드, 맥 정도의 해상도만 고려하면 됩니다. 따라서 UI 구현에 상대적으로 적은 노력을 들일 수 있고, 한 회사에서만 OS를 배포하므로 운영체제의 버전 관리도 더 직관적입니다. 반면 안드로이드 개발자들은 갤럭시만 해도 수십 종에, 다른 회사 제품들도 신경 써야 하고요.

또한 애플에서 배포하는 프레임워크가 상당한 수준이라 개발자들의 만족도도 높은 편입니다. 2014년에 공개되어 지금까지 널리 쓰이고 있는 스위프트Swift는 하위 호환성도 어느 정도 보장되어 있고 멀티스레드 환경에 최적화되어 있습니다. 2017년에 공개된 AR 개발 프레임워크인 ARKit 역시 공개 직후 개발이 쉬우면서도 강력한 기능을 갖추고 있어 큰 호응을 받았습니다.

다만 이러한 장점의 반대급부로 스위프트가 신생 언어이면서 애플 기기만을 대상으로 하다 보니 이를 개선하기 위한 업데이트가 끊이지 않았고 3.0이나 4.0 버전처럼 모든 것을 뒤집어엎어야만 하는 대격변 패치도 있었기 때문에, 애써 작성한 코드를 다시 작성해야 하는 일이 빈번했습니다. 그나마 최근 들어 안정화 단계에 접어들면서 지축을 흔들만한 변경은 적다는 게 위안이지만, 잠재적인 위협은 항상 있는 셈입니다.

또한 iOS 개발자의 미래 안정성은 애플 사의 운명과 맞닿아 있습니다. 당장은 그럴 일이 없으리라 생각되고 또 없기를 바라지만, 안드로이드 기기를 만드는 회사는 하나 정도 사라져도 개발자들은 계속 일할 수 있는 반면, 애플에 문제가 생겨 앞으로 iOS를 사용할 일이 없어진다면 iOS 개발자 역시 필요 없는 날이 올 수도 있습니다.

안드로이드 개발자

주로 사용하는 기술	Kotlin, React Native, Java, JavaScript 등
필요한 지식	데이터베이스, 운영체제, 통신, 알고리즘, 마크업 등
평상시 하는 업무	애플리케이션 개발 및 관리
채용 직군	대부분 IT 서비스 기업

안드로이드 개발자는 안드로이드 OS 기반의 스마트폰이나 태블릿 PC 등에서 동작하는 애플리케이션을 개발하는 개발자입니다. iOS용 애플리케이션 개발자와는 사용하는 도구가 달라서 안드로이드 개발자와 iOS 개발자를 별도로 채용하는 것이 일반적입니다.

안드로이드 개발자 역시 디자인적 요소의 배치라든가, 사용자의 다양한 사용 시나리오에서 발생할 수 있는 수많은 문제에 대응

해야 하므로 임기응변과 유연한 사고가 필요합니다. 그런데 iOS 개발자보다 조금 더 고생해야 하는 부분도 있습니다.

안드로이드 OS 위에서 동작하는 스마트 디바이스가 너무나도 다양하기 때문입니다. 스마트폰 종류만 해도 셀 수 없이 많은데, 안드로이드 OS는 차량용 내비게이션이나 태블릿 PC, 모니터는 물론이거니와 심지어 냉장고에까지 들어가기도 합니다.

화면의 크기와 가로세로 비율이 제조사마다 제각각이라는 이야기입니다. 화면의 해상도가 달라지면 애플리케이션의 디자인적 요소나 구동 방법이 조금씩 달라져야 할 수도 있습니다. 쉽게 말해, 개발자가 자신의 스마트폰에서 만든 애플리케이션이 다른 디바이스에서는 제대로 동작하지 않을 수도 있습니다.

문제는 이뿐만이 아닙니다. iOS는 주기적으로 업데이트되므로 항상 전 세계에 유통되는 iOS의 버전이 통제되어 있습니다. 따라서 개발자들이 손쉽게 iOS의 기능을 빌려와 활용할 수 있으며, 버전 이슈로 인해 앱이 동작하지 않는 문제가 쉽게 생기지 않습니다.

반면 안드로이드 스마트폰은 항상 버전조차 제각각입니다. 삼성 갤럭시 시리즈만 보더라도, 기종이 다르면 제각기 다른 안드로이드 버전이 설치되어 있습니다. 오래된 안드로이드 스마트폰을 사용하는 분들은 최신 OS보다 10년 이상 뒤처진 OS를 사용하기도 합니다.

따라서 안드로이드 개발자가 OS의 기능을 적극적으로 빌려와 활용하려면 OS의 버전 차이로 인해 오류가 발생할 수도 있습니다. 개발자는 열심히 앱을 만들었는데, 사용자 스마트폰의 버전이 안 맞아 먹통이 되는 경우도 흔하고요.

어쩌면 안드로이드 개발자는 iOS 개발자보다 훨씬 더 고된 길을 걸어가는 사람들일지도 모릅니다.

게임 개발자

주로 사용하는 기술	Unreal, Unity 3D, Java
필요한 지식	물리 엔진, 렌더링, AI, 그래픽, 라이브러리 등
평상시 하는 업무	UX/UI 개발, 서버 관리, 보안, 고객 DB 관리
채용 직군	게임 개발사, 플랫폼 사업 기업

에픽게임즈나 스팀을 비롯한 게임 플랫폼이 성행하고 게임 산업이 거대 기업으로 성장하면서, 자연스럽게 게임에 관심을 두는 경우가 많습니다. 한국은 3N넥슨(Nexon), 엔씨소프트(NC Soft), 넷마블(Netmarble)을 비롯한 수많은 게임회사와 PC방이라는 게임 인재 양성소가 존재하는 만큼 개인이나 정부 차원에서 무척 관심이 높은 분야입니다. 과거에도 병역특례 대상으로 지정될 만큼 집중적으로 육성하는 직종

이었고, 직업 특성상 실용적인 의미는 없지만 게임 개발자 직군의 국가기술자격증도 신설될 정도로 주목하고 있지요.

게임을 만들 때 필요한 요소가 다양한 만큼 게임 관련 직군 또한 굉장히 넓은 편입니다. 표면적으로만 봐도 원화가, 작곡가, 시나리오 작가, 기획자 등이 있고 게임 출시까지의 과정을 담당하는 프로듀서나 디렉터, QA 직군 등이 있습니다. 개발자로만 한정한다고 해도 서버도 관리해야 하고 UX/UI 개발, 시스템, 보안, DB 관리자 등 굉장히 다양한 직군을 포함합니다.

만약 혼자서 게임을 개발하려면 폭넓은 소양이 필요합니다. 혼자서 게임을 개발해서 퍼블리싱까지 해내는 1인 인디 게임 개발자들은 게임 개발은 물론이고 원화나 효과음도 담당하고, 스토리라인이나 보상 설계뿐만 아니라 결제모듈, 퍼블리싱, 마케팅까지 게임 산업 전반에 대한 이해가 장착된 어마어마한 제너럴리스트들이지요. 그러다 보니 역으로 다양한 기반 지식을 가진 사람들이 가장 먼저 개발을 시도할 때 주로 유입되는 분야가 게임 개발이기도 합니다. 언더테일이나 림월드, 페이퍼 플리즈, 스타듀밸리 등이 1인 인디게임의 대표주자로 꼽히는 편입니다. 최근에는 게임 엔진들이나 개발도구가 잘 나와 있고 무료 소스를 제공하는 사이트도 많아져 게임을 만들기 쉬워진 것은 맞지만, 여전히 폭넓은 소양이 필요한 것은 변함이 없습니다.

앞서 말했듯 게임 개발은 수많은 전문가가 모여야 가능한 일이기에, 내부적인 교류를 통해 다른 분야의 지식을 얻어가거나 게임 개발에 필요한 지식을 다른 분야에 적용하기도 좋습니다. 이를테면 VR 게임을 개발하다가 의료용 증강현실 앱을 개발할 수도 있고, NPC나 몬스터의 행동 AI를 구현하다가 자율주행 기술개발에 참여하게 될 수도 있습니다. 다양한 기술의 허브인 만큼 개인적으로도 얻을 것이 많은 편이지요. 최근 메타버스라는 가장 핫한 키워드가 시장 점유율을 올리고 있는 것도 게임 개발자들에게는 호재라고 할 수 있겠습니다.

국내에서는 대형 게임사의 신규채용직 연봉이 많이 오르면서 중소형 게임회사도 개발자를 잡기 위해 평균 연봉을 많이 올렸습니다. 상대적으로 인력 수급이 부족하고 수요는 점점 늘어나고 있어 당분간은 이러한 기조가 유지될 것으로 전망하고 있는 만큼 미래도 밝은 편입니다.

다만 현직에 있는 분들이 게임 개발자에 대해 이야기할 때 가장 먼저 하는 말은, 게임을 하는 것과 게임을 만드는 것은 아예 별개의 일이라는 것을 명심해야 한다는 겁니다. 본인이 게임을 정말 좋아한다고 하더라도 그것이 게임을 개발하는 일에 대한 흥미까지 보장하지는 않기 때문에, 경험을 한 번이라도 해본 뒤에 게임 개발자로의 진로를 결정하면 좋겠습니다.

베타리더의 의견

웹이나 앱을 만드는 개발자들에게 필요한 사고를 알 수 있었고, 특히 안드로이드 개발자는 다양한 OS를 다뤄야 한다는 고충이 있다는 것을 알 수 있었습니다.

– 대학생 홍승한 –

게임을 좋아하는 것과 만드는 것은 전혀 다른 일이라는 말이 인상적이었습니다.

– 직장인 A –

프론트엔드, 앱 개발 분야에서 어떤 것을 중요하게 여기고 준비해야 하는지 알 수 있었습니다.

– 대학생 최유진 –

'이렇게 분야가 많았어?'하는 신기함과 '이렇게 분야가 많구나!'하는 희망을 동시에 얻었습니다.

– 대학생 권나연 –

08
꾸준한 노력과 꼼꼼함이 필요한 분야

클라우드 개발자

주로 사용하는 기술	백엔드 관련 기술
필요한 지식	컴퓨터공학 지식, 네트워크 및 통신, 보안 지식
평상시 하는 업무	시스템 관리, 서비스 개발 등
채용 직군	클라우드 플랫폼, 데이터센터, 대규모 IT기업 등

고성능 컴퓨터는 매우 비쌉니다. 따라서 개인이나 소규모 사업자가 고성능 컴퓨터를 직접 구매하여 서비스를 구축하는 것은 몹시 부담되는 일입니다. 휴대성이 떨어지는 것은 말할 것도 없고요.

이와 같은 문제를 해결하기 위해 대기업은 고성능 서버 컴퓨터를 어마어마하게 많이 구매하여 '클라우드'라는 서비스를 구축합니다. 기업이 보유한 컴퓨터를 사용자에게 저렴한 가격으로 빌려주는 것입니다.

 실제로 컴퓨터 장비를 물리적으로 떼서 가져다주는 것은 아니고, 인터넷을 통해 원격으로 컴퓨터에 접속하여 작업을 수행할 수 있도록 도와주지요. 사용자는 오래된 구형 노트북이나 스마트폰에서 원격으로 고성능 컴퓨터에 접속하여 다양한 작업을 수행할 수 있습니다.

 사용자 입장에서는 인터넷에만 연결되어 있으면, 허공에 떠 있는 가상의 컴퓨터에 접속하여 작업을 하는 것처럼 다양한 일을 수행할 수 있기에 이와 같은 서비스를 '클라우드'라고 부릅니다. 떠다니는 구름과도 같다는 뜻이지요.

 클라우드 서비스를 운영하는 기업은 건물 안에 어마어마하게 많은 컴퓨터를 설치하고 관리하며, 사용자들로부터 사용료를 받으며 수익을 창출합니다. 사용자들은 복잡한 계산을 수행하기 위해 클라우드를 사용하기도 하지만, 최근에는 온라인 서비스 운영을 위해 클라우드를 대여하는 경우가 더 많습니다.

 홈페이지나 온라인 게임, 온라인 쇼핑몰 등을 운영하려면 최소한 한 대 이상의 컴퓨터가 24시간 작동하고 있어야 합니다. 사용자가 많아지면 많아질수록 높은 스펙의 컴퓨터가 필요하고요. 이런 컴퓨터를 직접 구매하고, 보관하고, 관리하는 것은 매우 곤란하기 때문에 현대의 온라인 서비스들은 클라우드를 적극적으로 활용하는 경우가 많습니다. 어차피 대기업이 관리부터 유지보수까지 해주니까요.

클라우드 개발자는 사용자들이 조금 더 쾌적하고 편리하게 클라우드를 사용할 수 있도록 이와 관련된 서비스를 개발하거나, 컴퓨터가 정상적으로 작동될 수 있도록 유지보수 작업을 수행하는 개발자입니다.

클라우드 개발자가 없다면 많은 온라인 서비스들이 마비되거나 보안이 무너질 수 있습니다. 클라우드가 없으면 굴러가지 않는 현대 사회. 어쩌면 클라우드 개발자는 보이지 않는 곳에서 세상을 지탱하고 있는 히어로가 아닐까요?

상거래 플랫폼 개발자

주로 사용하는 기술	백엔드, 프론트엔드, 데이터 과학 등
필요한 지식	컴퓨터공학 지식, 네트워크 및 통신, 통계학 등
평상시 하는 업무	서비스 기능 개발, 오류 해결, 유지보수 등
채용 직군	소셜커머스 등 상거래 플랫폼 기업

상거래 플랫폼은 물건을 사고팔 수 있는 온라인 서비스를 의미합니다. 쿠팡, 네이버 쇼핑, 옥션, 지마켓 등 여러분이 일상에서 사용하는 거래 플랫폼을 떠올려 보기 바랍니다.

쿠팡에 올라와 있는 상품 개수를 하나하나 모두 세는 것이 가능할까요? 아마 불가능할 것입니다. 그만큼 상거래 플랫폼 개발자는 셀 수 없이 많은 데이터를 다루고, 보관하고, 소비자에게 빠르게 전달할 수 있어야 합니다.

　여기서 끝이 아니지요. 상거래 플랫폼 서비스에는 매일 무수히 많은 사용자가 접속하고, 매 순간 수만 건의 주문이 오갑니다. 대량의 주문 정보를 실시간으로 처리해야 하므로 통신 분야의 깊은 지식이 필요합니다. 주문이 중복되지 않도록 처리할 수도 있어야 하고요. 여기서 끝이라면 다행입니다. 상거래 플랫폼 쇼핑몰은 디자인이 아름다워야 하며, 주요 상품을 더욱 쉽게 찾아볼 수 있도록 디자인이 구현되어야 합니다. 부드러운 애니메이션도 구현해야 하고요.

　따라서 상거래 플랫폼 서비스에서는 백엔드 개발자와 프론트엔드 개발자의 역할이 서로 확연히 구분되는 편입니다. 특히 대부분 상거래 플랫폼 기업은 백엔드 분야 개발자를 훨씬 활발하게 채용하고 있습니다. 웹 프론트엔드의 업데이트 없이 백엔드의 기능 확장만으로도 서비스 확장이 가능하기 때문입니다.

　대형 서비스에서 개발자 한 명이 개인적으로 기여할 수 있는 부분은 많지 않습니다. 상거래 플랫폼 개발자는 거대한 서비스 일부를 책임지는 직종이므로 동료들과 소통하고 협업할 수 있는 인재에게 어울립니다.

　'문제를 발견하고, 발견된 문제를 팀원과 공유하고, 솔루션을 잘게 쪼개어 동료들과 나누어 해결한다.' 이는 사실 정석적인 백엔드 개발자의 업무역량과 크게 다르지 않다고 봐도 좋습니다.

임베디드 개발자

주로 사용하는 기술	C, C++ 등
필요한 지식	컴퓨터구조, 전자공학, 정보통신, 하드웨어 설계 등
평상시 하는 업무	IoT 시스템 구축, 전자기기 제어 시스템 개발 등
채용 직군	스마트팩토리, 가전업계, 자동차업계 등

우리가 일상에서 마주하는 거의 모든 전자기기에는 소프트웨어가 탑재되어 있습니다. 냉장고 온도를 표시하는 소프트웨어, 자동차의 주행과 조향을 보조하는 소프트웨어, TV 내부에 탑재되어 리모컨 버튼에 맞게 채널을 변경해 주는 소프트웨어 등 말이지요.

이처럼 기계장치에 탑재되어 기기를 제어하는 역할을 수행하거나, 기기 내부의 정보 흐름을 지휘하는 소프트웨어를 임베디드 시스템이라고 부릅니다. 임베디드 시스템이 없다면 현대의 모든 전자기기는 그저 고철 덩어리가 되어버릴지도 모르겠네요.

임베디드 개발자는 임베디드 시스템을 제작하는 개발자입니다. IT 기술의 발전과 전자기기 산업의 발달로 인해 지금까지 단 한 번도 수요가 감소한 적 없는 분야입니다. 그만큼 임베디드 시스템 개발 분야는 아주 세분되어 있으며, 업종이나 기업에 따라 대우가 천차만별이므로 이 점을 주의해야 합니다.

임베디드 시스템은 아두이노나 라즈베리 파이와 같은 초소형 컴퓨터 기성품을 활용하여 제작되는 경우도 있으며, 경우에 따라서는 직접 컴퓨터를 설계하기도 합니다.

혹시 대기업의 전자제품을 뜯어본 경험이 있나요? 녹색의 두꺼운 판 위에 금속으로 된 회로가 그려져 있고 다양한 회로 부품들이 촘촘하게 붙어있는 모습을 볼 수 있습니다. 이 녹색 판을 PCB 보드라고 부르며, 설계자가 구축한 전자 회로를 실제 전자기기에 탑재하기 위해 사용하는 도구입니다.

임베디드 개발자는 때때로 이런 보드를 직접 설계해야 할 때도 있으므로, 높은 곳으로 올라가면 올라갈수록 코딩 지식뿐 아니라 방대한 전자공학 지식이 필요한 영역입니다. 혹시 전자공학을 전공한 분 중에 개발자로의 이직을 준비하는 분들이라면, 비교적 경쟁력을 확보한 채 시작할 수 있을 것으로 생각됩니다.

사물인터넷IoT 개발자 포지션을 임베디드 개발자라는 명칭으로 공고하는 경우도 있습니다. 사물인터넷 분야로 개발 포지션을 잡을 경우, 추가로 센서나 액추에이터 같은 기기에 대한 지식이 필요할 수도 있습니다.

임베디드 개발자는 인내심과 꼼꼼한 성격, 그리고 집중력을 요구하는 직종입니다. 순수하게 소프트웨어만 개발하는 개발자는 제품에 문제가 생기면 코드만 살펴보면 됩니다.

하지만 임베디드 개발자는 제품에 문제가 생기면 코드가 문제인지, 회로가 문제인지, 부품이 문제인지, 기기의 다른 부분이 문제인지, 혹은 전체적인 설계가 문제인지 알기가 힘듭니다. 최악의 경우 사소한 오류를 바로잡기 위해 그 모든 부분을 전부 점검해야 할 수도 있습니다.

오픈 소스 개발자

주로 사용하는 기술	분야별 프로그래밍 언어
필요한 지식	성능 최적화, 도메인 지식 등
평상시 하는 업무	소프트웨어 개발, 기능 개선, 버그 해결 등
채용 직군	오픈 소스 소프트웨어 부서, 비영리 기관 등

오픈 소스 소프트웨어는 대중에게 소스 코드가 공개된 소프트웨어를 의미하며, 대부분은 무료로 대중에게 제공됩니다. 현재 널리 사용되는 오픈 소스 소프트웨어를 처음부터 개발하려면 굉장히 깊은 지식과 많은 경험이 필요합니다. 전 세계의 누가 사용하든 항상 최고의 성능으로 오류 없이 작동해야 하기 때문입니다.

구글이나 페이스북과 같은 국제적 대기업에서는 오픈 소스 소프트웨어를 전문으로 관리하는 부서를 운영하기도 합니다. 하지만 국내에서는 그 정도의 여유와 영향력을 갖춘 기업이 많지 않습니다.

따라서 국내에서는 오픈 소스 개발을 전업으로 하기보다는 사이드 프로젝트나 취미로 참여하는 경우가 더 많습니다. 널리 사용되는 오픈 소스 소프트웨어에 조금이라도 기여하는 것은 굉장히 명예로운 일이며, 평생 자랑거리가 되기도 하므로 시간을 투자할 가치는 충분합니다. 특히나 자신이 속한 업계에서 널리 사용되는 오픈 소스 소프트웨어에 기여한 적이 있다면 이직 시 더할 나위 없는 메리트가 될 수도 있습니다.

예를 들어, 인공지능 분야에서 널리 사용되는 구글의 텐서플로 TensorFlow라는 오픈 소스 소프트웨어가 있습니다. 텐서플로의 오류 해결이나 기능 개선에 직접적으로 기여하여 텐서플로 기여자 목록에 본인의 이름이 기재되어 있다면, 아무래도 인공지능 분야로 이직할 때 차별화된 장점으로 어필할 수 있을 것입니다.

개인이 거대한 오픈 소스 소프트웨어를 처음부터 끝까지 제작하기보다는 뜻이 맞는 사람끼리 모여 동호회 형식으로 프로젝트를 시작하거나, 혹은 이미 상당 부분 제작된 프로젝트에 참여하여 일부 기능을 제작하거나 오류를 개선하는 방식으로 기여할 수 있습니다.

만약 기업의 전담 부서에서 업무를 맡게 된다면 대규모 인원이 모여 처음부터 거대한 기능을 하나씩 만들어 나가는 과정에 참여하게 됩니다. 개인의 힘으로는 쌓을 수 없는 업적을 이루는 데 참여한다는 보람과 전 세계 사람들로부터 존경과 인정을 받을 수 있다는 점에 매력을 느끼는 분이라면 고려해볼 만한 직종입니다.

단, 수시로 전 세계 개발자들로부터 오류 제보나 기능 개선 아이디어들이 접수될 수 있으며, 이를 해결하는 과정이 전 세계에 공개되는 경우가 많아 스트레스를 받을 수도 있습니다.

베타리더의 의견

단순히 개발만 하면 끝날 줄 알았는데, 개발 후에도 유지관리가 중요하다는 걸 깨달았습니다!

– 직장인 최형철(인프라 엔지니어) –

냉장고부터 클라우드까지…. 정리된 개발자들의 업무를 읽다 보니 정말 현대 사회는 개발자들이 만들어가고 있는 것 같다는 생각을 했습니다.

– 직장인 A –

생각하지도 못했던 개발자 종류들도 마주할 수 있었고 왜 이 특징을 가지고 있으면 좋은지 알 수 있어서 좋았습니다.

– 대학생 최유진 –

우리에게 익숙하지 않은 개발자에 대해 설명하고 있어, 선택의 폭을 넓혀 주었습니다.

– 대학생 김하영 –

09
수학적 지식이 필요한 분야

서버 개발자

주로 사용하는 기술	Linux, DB, API, Docker[18], 통신 기술 등
필요한 지식	백엔드 분야 컴퓨터공학 기술 일체
평상시 하는 업무	백엔드 개발, 서버 시스템 구축, 유지보수 등
채용 직군	대부분 IT기업, 클라우드 서비스 기업 등

 서버 개발자는 서버와 관련된 업무를 수행하는 개발자입니다. 서버 개발자라는 용어가 지칭하는 범위가 무척이나 넓은 까닭에, 업계에서는 서버 개발자라는 용어보다는 백엔드 개발자, DB 개발자,

---

34 도커(docker) : 소프트웨어 컨테이너 안에 응용 프로그램들을 배치시키는 일을 자동화해 주는 오픈 소스 소프트웨어

API 개발자 등 조금 더 세분화된 분야로 지칭하는 경우가 많습니다. 백엔드 개발자는 다음 페이지에서 더욱 상세하게 설명하겠습니다.

업계에서 서버 개발자라는 용어를 사용할 때는 일반적인 백엔드나 DB 개발자 등의 분야를 제외한 순수 서버 개발자를 지칭하는 경우가 더 많습니다. 하지만 이 또한 업체마다 조금씩 차이가 있으므로, 보다 정확한 정보는 지원하고자 하는 기업의 채용공고를 꼼꼼히 살펴보는 것이 좋습니다.

현대의 IT 서비스가 동작하려면 서버server라는 이름의 컴퓨터가 필요합니다. 이를테면, 우리가 유튜브 영상을 시청하는 동안 구글이 보유한 컴퓨터가 위잉위잉 하면서 작동하고 있는 것입니다. 우리는 유튜브 서버가 어디 있는지 몰라도 어디서든지 편리하게 유튜브 서비스를 활용할 수 있고요.

서버 개발자는 이러한 서버를 구축하고, 관리하고, 새로운 기능을 추가하거나 유지보수 업무를 수행하는 개발자를 의미합니다. 서버 측에서 작동하는 소프트웨어를 설계할 때는 정교한 수학적 지식이 필요하므로, 비전공자가 접근하기에는 프론트엔드 개발자에 비해 조금 더 많은 노력이 필요합니다.

아무래도 사용자와 직접적으로 대면하는 프론트엔드 서비스 개발자와는 달리 보이지 않는 곳에서 묵묵히 일하는 직업이다 보니, 자신을 과시하고 싶은 사람보다는 훌륭한 서비스를 구축하고 관리하는 일 자체에 보람을 느끼는 사람에게 조금 더 적합합니다.

서버 컴퓨터에 운영체제를 설치하는 기초적인 업무부터 여러 서버를 묶어 클러스터cluster 또는 슈퍼컴퓨터를 구축하는 작업을 수행하기도 합니다. 혹은 보안 기술을 적용하여 외부의 해킹으로부터 서버를 지키는 업무를 수행하기도 하고요.

단순한 업무를 수행할 것처럼 보이지만 의외로 다양한 지식이 필요하며 다양한 분야의 전문성이 폭넓게 요구되는 분야이므로, 공부에서 즐거움을 찾으며 끝없는 실력의 성장에서 보람을 느끼는 분들께 추천하는 직종입니다.

백엔드 개발자

주로 사용하는 기술	파이썬, HTML, 자바스크립트, DB, API
필요한 지식	벡엔드 분야, 데이터 분석, 네트워크
평상시 하는 업무	백엔드 개발, API 개발, 데이터베이스 관리
채용 직군	대부분 IT 직군

 백엔드 개발자는 담당하는 분야가 워낙 넓은 까닭에 프론트엔드나 앱 개발자처럼 한마디로 정의할 수 없습니다. 현재 개발자가 세분되면서 갈라진 분야가 많은데, 이 분야들이 모두 백엔드에서 갈라져 나왔다고 해도 무방합니다.

 설명을 위해 나름대로 정의해보자면, 프론트엔드 개발자가 눈에 보이는 부분을 만들 때, 백엔드 개발자는 눈에 보이지 않는 것들을 개발한다고 생각하면 됩니다. 그렇기에 프로젝트의 범위에 따라서 어느 정도의 차이가 있겠지만, 백엔드 개발자는 어느 분야에나 통용될 수 있는 만큼 정말 많은 분야를 커버할 수 있어야 합니다.

우선 백엔드 개발자의 역할을 대표적으로 나눠보자면 API 개발, 데이터베이스 관리, 서버 및 클라우드 관리 등의 영역이 있습니다. 앞에서 서버 개발자에 대해 다루었으니 여기서는 다른 역할에 대해 서술해 보겠습니다.

백엔드 개발은 결국 프론트엔드와 연결되어야 의미가 있습니다. 이를 연동하기 위한 작업이 바로 애플리케이션 프로그래밍 인터페이스, 줄여서 API 개발입니다. 우리가 웹사이트나 앱에서 하는 로그인, 결제, 검색 등은 모두 API를 통해서만 가능합니다. 새로운 기능을 개발하기 위해서는 기능하는 함수를 개발하고, UI에 새로운 기능을 사용할 수 있도록 반영한 다음 이를 연결하는 API를 개발하지요.

상술한 기능들은 데이터베이스와 연관이 있기 때문에 자연스레 백엔드 개발자는 데이터베이스도 잘 다룰 수 있어야 합니다. 웹사이트에 로그인하려면 회원 정보가 있어야 하고, 결제를 위해서는 사용자의 결제 정보와 물품의 가격이나 재고 등에 대한 정보가 필요하겠지요. 이런 정보를 저장하고 불러올 수 있는 공간을 구현하는 것이 데이터베이스 관리입니다.

이런 일을 구현하고 관리하고 유지하는 과정이 과정도 어렵고, 이런 노력이 겉으로 잘 드러나지도 않습니다. 록 음악을 예로 든다면 베이스 기타 같은 느낌이지요. 있을 때는 잘 모르다가도 막상 없으면 근간이 흔들리는 존재입니다. 또한 기획 단계에서 실무자의 의견을 반드시 반영하는 과정이 있기 때문에 담당하는 영역도 꽤 넓은 편입니다. 그렇기에 항상 수요가 있고 전망도 좋은 편입니다.

　이 분야는 어느 정도의 전공 지식을 요구합니다. 비전공자가 당장 도전할 수준은 아닐 수도 있지만, 충분히 시간을 들여 준비한다면 결코 넘지 못할 벽은 아닙니다.

데이터 과학자

주로 사용하는 기술	파이썬, R[19], Matlab[20]
필요한 지식	통계학, 빅데이터 분석기법, 도메인 지식
평상시 하는 업무	데이터 분석, 새로운 인사이트 발굴 등
채용 직군	빅데이터 개발자, 데이터 과학자, 데이터 분석가 등

주로 빅데이터를 수집 받아 가공하고, 가공된 데이터를 분석하여 숫자 사이에서 패턴을 찾아내거나 미래를 예상하는 업무를 수행합니다. 예를 들면 온라인 쇼핑몰에서 고객 주문 데이터를 분석

---

35   R(알) : 통계 및 그래프 작업에 특화된 프로그래밍 언어
36   MATLAB(매트랩) : 공학용 프로그래밍 및 수치 계산을 위한 SW

해 '주말에 샐러드 주문량이 늘어나므로 목요일쯤 샐러드 발주량을 미리 늘려 대비하고, 월요일부터 수요일 사이에는 발주량을 줄여야 한다.'는 등의 인사이트를 만드는 직종입니다.

데이터 과학자는 인공지능 개발자와 함께 한때 가장 핫했던 개발자 분야 중 하나입니다. 물론 지금까지도 지속해서 수요가 늘어나고 있습니다.

데이터 과학자는 통계학과 수학적 지식을 배경으로 한다는 점에서 인공지능 개발자와 비슷합니다. 국내에서 수요가 급격히 증가한 시기도 비슷하고요. 하지만 인공지능 개발자의 경우 최종학위와 작성한 논문들이 굉장히 중요한 평가 요소이므로, 비교적 진입장벽이 높습니다.

그래서일까요? 데이터 과학자는 학원가에서 적극적으로 광고하는 분야이기도 합니다. 다른 분야의 개발자에 비해 선수지식이라는 진입장벽이 있어 어느 정도 전문화가 가능한 영역이기도 하고, 인공지능 개발자보다는 진입장벽이 낮은 편이라 매력도 있고요.

데이터 과학자는 수학적인 통찰을 통하여 현실 세계의 현상을 해결하는 직업입니다. 주로 사용하는 기술은 수학적 분석이며, 코딩은 이를 위한 도구 수준으로만 사용합니다. 따라서 수학이나 통계학을 전공한 분들이 도전하기에 무척이나 가성비가 좋은 분야입니다.

또한, 데이터 과학자는 도메인 지식domain knowledge을 갖고 있어야 합니다. 도메인 지식은 어떤 분야의 배경지식 또는 전문지식을 의미합니다. 예를 들어, 금융 빅데이터를 분석하려면 금융 지식이 있어야 하겠죠? 마케팅 빅데이터를 분석하려면 마케팅 분야 지식이 있어야 할 것이고요.

따라서 수학과 관련 없는 분야를 전공했더라도 본인의 전공 분야가 속한 산업이 현재 대한민국에서 부상하고 있다면 얼마든지 도전해볼 만한 가치가 있는 직업입니다. 또한, 정부의 제4차산업혁명 분야 지원정책과 맞물려 국비 지원을 통해 굉장히 다양한 곳에서 관련 교육을 저렴한 가격에 받을 수 있으므로 적극 추천합니다.

보안 개발자

주로 사용하는 기술	C, 어셈블리어, Java 등
필요한 지식	컴퓨터공학 지식 전반, 암호학, 리버스 엔지니어링 등
평상시 하는 업무	보안 취약점 탐색, 보안 취약점 개선 및 보호
채용 직군	정보보안 기술자, 보안 관리자, 보안 시스템 운영자 등

　보안 개발자는 회사 또는 고객의 주요 정보를 외부의 공격으로부터 지키거나, 외부의 공격으로부터 시스템을 보호하여 서비스가 원활하게 작동하도록 방어하는 역할을 합니다. 영화나 드라마처럼 해커와의 화려한 공방전을 상상한다면 크게 실망할 수도 있습니다.

　신입 채용 기회가 흔한 분야는 아닙니다만, 신입으로 입사한다면 외부에서 구매한 보안 솔루션을 자사 소프트웨어에 설치하고 이상 상황을 모니터링하는 등 서버 개발자와 유사한 업무를 수행합니다. 사실 서버 개발자도 그 정도의 업무는 수행하는 경우가 많습니다.

컴퓨터 보안 분야를 다루기 위해서는 대단히 많은 분야의 지식이 필요합니다. 컴퓨터공학 전반의 지식을 폭넓게 알고 있어야 하며, 특히 운영체제와 네트워크 통신 기술에 대해 매우 깊은 지식이 필요합니다.

심지어 컴퓨터를 하드웨어 드라이버[37] 수준에서부터 관리해야 할 수도 있어서, C언어나 어셈블리어[38]를 능통하게 사용해야 하는 경우도 있습니다. 여러모로 비전공자가 바로 취업을 노려보기에 적합한 분야는 아니라 할 수 있습니다.

하지만 장기간 커리어를 쌓아 미래에 보안 개발 분야로 이직하는 것은 가능합니다. 백엔드나 서버 개발자로 시작하여 오랜 시간 경력을 쌓고, 보안 분야의 지식을 공부하여 이직하기도 합니다. 애초에 보안 분야로의 전환을 염두에 두고 백엔드 공부를 시작하는 분도 있습니다.

---

37 드라이버(driver) : 하드웨어가 소프트웨어와 잘 맞물려 작동할 수 있도록 관리하는 소프트웨어

38 어셈블리어(assembler language) : C언어보다 훨씬 더 기계어에 가까운 언어. 참고로 기계어는 0과 1로 구성된, 컴퓨터만이 읽고 해독할 수 있는 언어다. 따라서 진입장벽이 매우 높다.

베타리더의 의견

비전공자에게는 좀 어려운 분야일 수도 있겠지만 시간을 투자해서 공부한다면 충분히 할 수 있을 것 같았습니다.

- 직장인 최형철(인프라 엔지니어) -

데이터 분석에 관심이 있습니다. 데이터 과학자란 '수학적인 통찰을 통하여 현실 세계의 현상을 해결하는 직업'이라는 표현을 읽고 더 데이터 공부를 하고 싶어졌습니다.

- 직장인 A -

제가 관심 있는 분야의 개발자는 수학적 지식이 어느 정도의 필요하다는 생각은 어렴풋이 가지고 있었는데 읽고 나서 왜 중요하게 여기는지 확실히 알 수 있었습니다.

- 대학생 최유진 -

수학 등에 관심 있는 사람은 이 분야를, 약한 사람은 이 분야를 처음부터 제외하고 다른 길을 찾을 수 있을 듯해서 좋았습니다.

- 대학생 권나연 -

10
마르지 않는 창의력이 필요한 분야

인공지능 개발자

주로 사용하는 기술	파이썬, TensorFlow, PyTorch[39] 등
필요한 지식	통계학, 알고리즘, 머신러닝, 딥러닝
평상시 하는 업무	새로운 기술 개발, 기존 기술 개선, 신기술의 제품화
채용 직군	연구자, 데이터 과학자, 개발자, 프로젝트 매니저 등

인공지능 개발자는 인공지능과 관련된 기술을 연구하거나, 이미 연구된 인공지능 기술을 제품화하는 개발자입니다. 일반적인 개발자보다는 공학자나 연구자에 가까운 직군입니다.

인공지능 개발자는 코딩 숙련도보다는 수학적 지식을 더욱 많

---

[39] PyTorch(파이토치) : 파이썬을 위한 오픈소스 머신러닝 라이브러리

이 활용합니다. 수학적·통계학적 지식을 활용하는 것이 인공지능 개발자의 주된 업무이며, 코딩은 이를 실현하기 위한 도구에 불과합니다. 코딩 실력이 부족해도 된다는 이야기가 아니라 수준급의 수학적 지식이 필요하다는 의미입니다.

대기업에서 인공지능 개발자를 공격적으로 채용하고 있습니다만, 이는 대부분 석사 또는 박사학위 소지자를 두고 하는 이야기입니다. 인공지능 분야는 이미 만들어진 기술을 가져와 사용하는 역량보다는, 자체적으로 신기술을 개발해낼 수 있는지가 훨씬 중요하기 때문입니다.

인공지능 개발자는 주로 연구하는 분야에 따라 종류가 세분화됩니다. 이 중에서 취업 시장에서 가장 주목받는 분야는 컴퓨터 비전CV과 자연어 처리NLP 개발자입니다.

이 중에서도 가장 수요가 높은 분야는 컴퓨터 비전 분야이며, 카메라 또는 레이더로 수집한 영상을 분석하는 기술을 주로 연구합니다. 자율주행이나 얼굴인식, 영상 합성 등의 분야가 컴퓨터 비전 분야에 해당합니다. 혹은 의료 영상을 분석하여 의사를 도와 질병을 분석하는 인공지능 기술도 해당합니다.

자연어 처리 분야는 한국어나 영어처럼 사람들이 활용하는 언어를 분석하는 기술입니다. 문서를 분석하여 새로운 결론을 도출하거나, 시리나 빅스비같이 사람과 자유롭게 대화할 수 있는 인공지능 비서를 만드는 등의 분야에 활용됩니다.

　인공지능 개발자는 연구 실력으로 자신을 증명해야 하므로, 얼마나 좋은 논문을 많이 작성했는지가 역량을 평가하는 척도가 됩니다. 따라서 석사학위를 무사히 취득했음에도 논문 실적을 충분히 만들지 못한 경우, 박사과정에 진학하거나 혹은 석사급 연구원 신분으로 연구실에서 추가로 근로하는 경우도 있습니다.

　인공지능 분야에서는 기존의 세계 최고 수준보다 더 뛰어난 성과를 만들어야 인정받을 수 있는 경우가 많습니다. 그만큼 전 세계에서 속도전을 펼치고 있어, 한 달에도 여러 번씩 세계 최고가 바뀌기도 합니다.

　따라서 꾸준히 연구 성과를 낼 수 있는 창의력과 연구역량이 꼭 필요한 분야입니다.

UI/UX 개발자

주로 사용하는 기술	HTML, CSS, JavaScript 등
필요한 지식	디자인, 인간공학, 산업공학, 서비스 기획 및 설계
평상시 하는 업무	서비스 설계 및 구현, 사용자 경험 설계
채용 직군	웹 개발, 앱 개발, 서비스 설계 등

 일반인은 물론, 필드에 있는 분들조차 UX와 UI를 같은 것으로 생각하는 경우가 더러 있습니다. 그래서 자세한 설명 이전에 이 두 용어를 먼저 구분 짓도록 하겠습니다.

 UI는 User Interface(사용자 인터페이스)의 약자입니다. 실제 사용자가 눈으로 보는 외형, 구조, 아이콘, 삽화의 배치 등을 의미합니다. 반면 UX는 User Experience(사용자 경험)의 약자로, 사용자가 서비스를 사용하면서 느끼는 경험을 말합니다. 어떤 제품이나 시스템을 이용하면서 사용자가 겪는 기억이나 감정 등을 의미하죠.

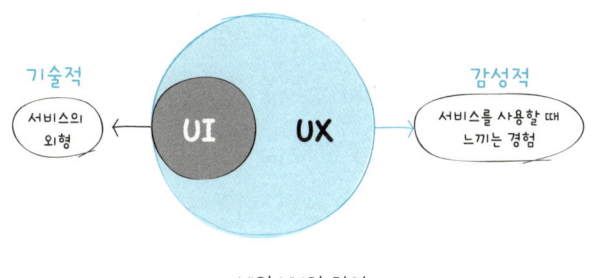

UI와 UX의 차이

UX 개발자는 기획 단계에서 사용자들에게 서비스를 어떻게 제시할지 계획하고, 실제 사용하는 과정에서 느끼는 불편함이나 어색함이 있다면 이를 개선하는 사람들입니다. 사용자의 행동을 분석하고 이해하여 기존의 서비스를 개선하거나, 아예 새로운 서비스를 기획합니다. 이 과정에서 정량적인 분석이 이용될 때도 있어서 의외로 데이터 분석 능력을 요구받기도 합니다.

UI 개발자는 사용자가 실제로 서비스를 마주할 때 어떤 모습으로 보일지를 만드는 사람들입니다. UX에 따른 인터페이스 시나리오를 짜는 UI 기획자나, 원화 및 그림 작업을 하는 디자이너와 함께 협업합니다. 모바일이 대세가 되면서 수많은 화면 해상도를 지원해야 하다 보니 이에 따른 반응형 웹을 구현하거나 최적화 이슈를 해결하기도 하지요.

앞의 설명을 보고 느꼈을지 모르겠지만, UI/UX 개발자는 개발자치고는 꽤 독특한 포지션입니다. 통념상의 개발을 하면서도 요구되는 능력이나 업무는 상이하기 때문이죠. 다른 개발자들이 구현한 기능들을 사용자에게 가능한 한 가장 세련된 방식으로, 가장 만족스럽게 제공해야 하는 분야입니다. 어떻게 보면 모든 프로젝트의 시작과 끝에 있는 존재들이라고 생각할 수 있겠습니다.

일반적인 개발 공부가 물론 필요하겠지만, UI 개발자를 원하는 분들은 웹 디자인이나 앱 디자인을 주로 공부하는 편이고, UX 개발자를 준비하는 분들은 유저 경험을 설계하기 위해 서비스 기획 등을 추가로 공부합니다. 크리에이티브한 일을 원하거나 사용자와 직접적으로 마주하는 부분을 설계하고 싶은 분들께 추천합니다.

콘텐츠 개발자

주로 사용하는 기술	웹 기술, 콘텐츠 개발 엔진 등
필요한 지식	콘텐츠 전달 역량, 백엔드 개발 역량
평상시 하는 업무	콘텐츠 개발, 콘텐츠 전달 방안 구현
채용 직군	웹 콘텐츠 기업

유튜브, 넷플릭스, 왓챠 등 최근 전 세계에서 돈을 쓸어 담고 있는 서비스들은 대부분 콘텐츠 기반 서비스입니다. 디지털 콘텐츠는 한 번만 제작해두면 무한정 복제가 가능하며, 복제하는 데 따로 비용이 발생하지도 않습니다. 따라서 많은 기업이 탐내는 분야이기도 합니다.

콘텐츠 개발자가 직접 콘텐츠를 제작하는 일을 수행하는 경우는 많지 않습니다. 디자이너나 기획자가 설계한 내용을 디지털 콘텐츠로 구현하거나, 다른 사람이 제작한 콘텐츠를 웹/앱 서비스를 통해 배포하고 전달하는 기술을 개발하는 업무를 주로 수행합니다.

가장 쉬운 예시로, 유튜브 개발자를 생각하면 되겠습니다. 유튜브 개발자들은 영상을 쉽게 전달하고, 댓글을 달면서 즐길 수 있는 플랫폼을 구현했습니다만, 유튜브 개발자들이 직접 영상을 제작해 업로드하지는 않지요. 넓은 의미에서 보자면 게임 개발자도 콘텐츠 개발자의 일종으로 분류할 수 있습니다. 게임이라는 콘텐츠를 개발하는 개발자니까요.

최근의 콘텐츠 개발은 대부분 유저와 상호작용 interaction이 가능한 형태로 제작되다 보니, 콘텐츠 개발자의 작업 범위도 어느 정도 한정되고 있습니다. 프론트엔드 쪽에서 사용자에게 콘텐츠를 전달하고 사용자로부터 입력받아 새로운 동작을 수행하는 기능을 개발하는 개발자가 일반적으로 생각하는 콘텐츠 개발자의 모습입니다.

반면 콘텐츠 서비스 분야에서도 백엔드 개발자의 역할이 무척이나 중요합니다. 최근 유통되는 콘텐츠는 대부분 용량이 큽니다. 동영상 콘텐츠를 생각해 볼까요? 요즘 유통되는 동영상 콘텐츠는 고화질 고용량 영상 위주의 서비스가 일반적입니다. 심지어 영상을 다운로드한 다음 실행하는 것이 아니라, 실시간 스트리밍으로 즐기는 경우가 대다수죠.

고용량 콘텐츠를 서버에 차곡차곡 정리해뒀다가 사용자가 화면을 클릭하면 실시간으로, 끊기지 않게 사용자에게 전송해 주는 기술이 콘텐츠 산업의 핵심으로 떠오르다 보니 콘텐츠 개발 분야에서는 오히려 백엔드 개발자의 역량이 더욱 중요할 수도 있겠습니다.

메타버스 콘텐츠 개발자

주로 사용하는 기술	C#, Unity
필요한 지식	최적화, 기획 역량 등
평상시 하는 업무	메타버스 플랫폼을 위한 월드 제작
채용 직군	메타버스 플랫폼 기업, 프리랜서, 부업 등

메타버스 월드 개발자는 2022년 현재 새롭게 떠오르기 시작한 직군입니다. 현재 메타버스 서비스는 폭발적으로 성장하고 있는 새로운 IT 산업 분야입니다.

네이버의 자회사인 스노우SNOW에서 출시한 '제페토' 서비스가 좋은 예입니다. 제페토는 현재 총 3억 명의 사용자를 확보한 플랫폼입니다.

이처럼 메타버스 서비스의 수요가 증가함에 따라 콘텐츠를 공급해야 하는 쪽에서도 고민이 많습니다. 온라인 게임을 해본 분이라면 잘 알겠지만, 신규 콘텐츠가 업데이트되지 않으면 사용자들이 금세 이탈한다는 점에 공감할 것입니다. 더 즐길 것이 없기 때문이지요.

캐릭터의 성장과 경쟁이라는 강력한 동기부여가 있는 게임에서도 사용자 이탈이 발생하는데, 그와 같은 성격이 옅은 메타버스 플랫폼은 더더욱 콘텐츠 중요도가 높지 않을까요? 메타버스 서비스 플랫폼 업체에서도 이 사실을 알고 있기 때문에 콘텐츠를 자체 생산하거나 외부의 개발자들이 제작한 콘텐츠를 수혈받기 위해 큰 노력을 기울이고 있습니다.

이런 상황이 2021년 하반기의 메타버스 관련주 폭등이라는 시대적 배경과 맞물리며 현재 메타버스 콘텐츠 개발자 수요는 역대 최고 수준입니다. 물론 앞으로도 더욱 수요가 커질 것이고요.

또한, 부업으로 접근하기에도 매우 용이한 분야입니다. 제페토를 예로 들면, 사용자들이 접속하여 놀 수 있는 가상의 놀이터를 '월드'라고 부릅니다. 외부 개발자들이 유니티를 활용하여 제작한 월드는 제페토를 통하여 판매할 수 있고 수익금도 정산받을 수 있습니다.

게임 엔진인 유니티를 주로 활용하므로, 커리어가 꼬이더라도 게임 업계나 VR 업계로 이직이 용이하다는 점 또한 매우 큰 장점입니다.

베타리더의 의견

인공지능, UI/UX와 같이 다소 생소하지만, 굉장히 중요하고 트렌디한 분야의 개발자들도 매우 필요하다고 생각했습니다.

– 대학생 홍승한 –

개발자에게는 창의성이 중요하게 여기는 분야가 있을 거라고 생각하지도 못했는데 왜 필요한지, 어디에 활용될 수 있는지 알 수 있어서 많은 도움이 되었습니다.

– 대학생 최유진 –

관심 있는 분야에 대한 사용 기술, 필요 지식, 채용 직군에 대해 잘 정리되어 직군을 준비하는 과정에서 많은 도움이 되었습니다.

– 취업준비생 김아름 –

최근 주목받는 개발 직무인 인공지능, 메타버스, 콘텐츠 개발과 관련된 개발 직군에 대해 알게 되었습니다. 다만 이 직군은 진입장벽이 높아 이 분야에 대한 목표가 확실하고 오랜 시간을 투자할 각오를 해야 할 것 같습니다.

– 대학생 유승완 –

PART 4

선배로서의 조언

선배 개발자들이 들려주는 솔직한 이야기들

11 저도 할 수 있을까요?
12 교육비 요리조리 뜯어보기
13 선택의 기로에 선 개발자

11
저도 할 수 있을까요?

어떤 언어로 공부를 시작하면 좋을까요?

채용 트렌드를 기준으로 선택하기

세상에는 정말 많은 프로그래밍 언어가 있습니다. 이들 모두 장단점이 뚜렷하기 때문에 서로 다른 분야에 활용되는 경우가 많습니다. 따라서 개발 직종이나 회사에 따라 주력으로 사용하는 프로그래밍 언어도 조금씩 다릅니다.

그러다 보니 입문 단계에서 공부 계획을 수립할 때, 어떤 프로그래밍 언어로 시작해야 좋을지 선택하는 것이 중요하면서도 어렵습니다. 여러분의 선택을 돕고자 최근 가장 채용이 활발하게 일어나는 프로그래밍 언어 4종류의 간략한 특성과 해당 언어로 공부하여 어떤 개발 직무를 수행할 수 있는지 소개해보겠습니다.

① 가장 쉽고 활용도가 높은 파이썬

습득 난도	쉬움
활용 범위	데이터 과학, 인공지능, 게임, 응용 프로그램, 백엔드, 프론트엔드 등 거의 모든 분야
장점	• 코딩보다 생각에 많은 시간을 쏟을 수 있음 • 오픈 소스 프레임워크가 많이 공개되어 있음 • 몹시 간결하고 사용하기 쉬움
단점	• 구동 속도가 약간 느림 • 입문이 쉽다 보니 나만의 경쟁력을 확보하기 힘듦
채용 현황	활발

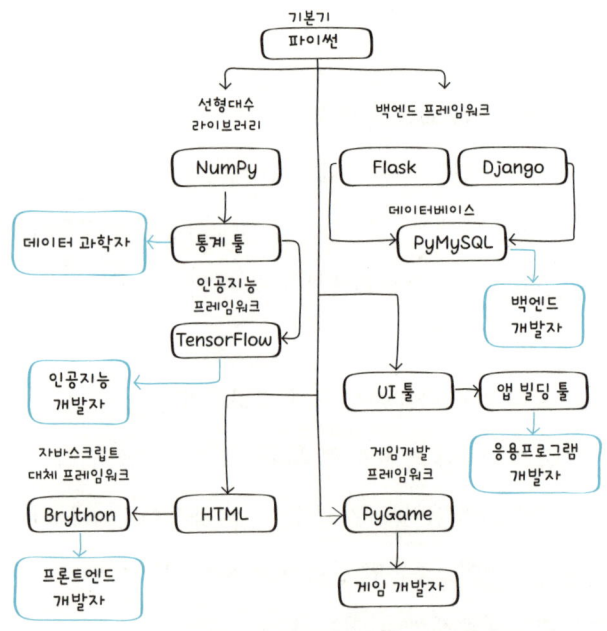

파이썬 구조

파이썬은 현재 전 세계에서 가장 사랑받는 프로그래밍 언어입니다. 배우기 쉽고 활용도까지 넓은 언어라는 평가를 동시에 받는 신기한 언어죠.

파이썬 자체를 익히는 것은 기본기를 쌓는 것이며, 프레임워크를 선정하고 능숙하게 활용하는 역량에서 실력이 갈립니다. 어떤 프레임워크가 자기의 커리어와 관련성이 높은지, 그 프레임워크는 어떻게 사용해야 하는지 등 최신 트렌드에 끊임없이 귀 기울여야만 성장할 수 있는 분야이기도 합니다.

현재 전 세계에서 온갖 프레임워크가 출시되고 있어, 파이썬으로는 못 만드는 소프트웨어가 없다는 이야기를 어디서나 들을 수 있습니다. 반면 취업에 필요한 역량은 최소 2가지 분야의 전문성이므로, 취업을 희망하는 회사에서 주로 사용하는 프레임워크가 무엇인지 조사해 보고 관련 포트폴리오를 준비해야 수월한 취업이 가능합니다.

② 취업 기회가 가장 폭넓은 자바스크립트

습득 난도	쉬움
활용 범위	웹 프론트엔드 및 파생 분야 전반, 백엔드 일부
장점	• 거의 모든 컴퓨터에서 동작하는 광범위한 호환성 • 모든 개발 분야 중 가장 넓은 취업문 • 오픈 소스 프레임워크 생태계가 활성화되어 있음
단점	• HTML과 CSS를 선행적으로 학습해야 함 • 입문은 쉽지만, 전문가가 되려면 통신분야 및 서버 지식 필요
채용 현황	가장 활발

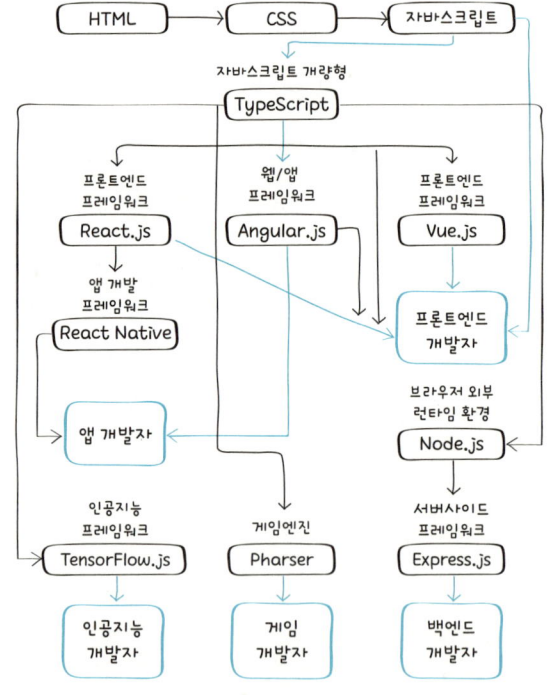

자바스크립트 구조

자바스크립트는 웹 페이지에 다양한 기능을 부여하기 위해 사용되는 언어입니다. HTML과 CSS와 한 세트로 움직이는 경우가 많아 함께 공부하며 입문해야 합니다.

주로 웹 프론트엔드 개발에 활용되는 언어입니다만, 다양한 프레임워크를 활용하면 백엔드나 게임개발 등 다양한 분야에서 활용할 수 있습니다. 단, 기술적으로 가능한 것이지 실제로 취업 시장에서의 수요가 높지는 않으므로 주의가 필요합니다.

저자가 판단하기에, 비전공자가 개발을 공부해서 가장 빠르게 연봉 5천만 원을 달성하는 방법은 우선 TypeScript[40]까지 공부하고 취업한 뒤, React.js[41], Vue.js[42] 등의 웹 프레임워크를 연습하여 이직하는 것입니다.

전 세계적으로 가장 수요가 넓은 분야다 보니, 자연스레 자바스크립트 프레임워크 생태계도 엄청나게 빠른 속도로 발전하고 있습니다. 매년 주도권을 쥐는 프레임워크가 달라지며, 언제 출시된 지도 모를, 처음 듣는 프레임워크가 갑자기 튀어나와 업계의 표준이

---

40 TypeScript(타입스크립트) : 자바스크립트의 변종 중 하나로, 매우 엄격한 규칙을 따라 통제된 방식으로 코드를 작성하므로 대규모 조직에서 선호함.
41 React.js(리액트) : 자바스크립트에서 사용되는 웹 페이지 개발 도구의 일종으로, 페이스북으로 유명한 기업 Meta에서 제작했다.
42 Vue.js(뷰) : 리액트의 경쟁 소프트웨어

되기도 합니다.

따라서 적극적으로 개발자 커뮤니티와 콘퍼런스를 활용하며 최신 프레임워크 트렌드를 탐색해야만 살아남을 수 있는 분야이기도 합니다.

③ 평생 취업의 수단이 될 C언어

습득 난도	보통
활용 범위	임베디드, 모바일, 시스템 프로그래밍 등
장점	• 거의 모든 업계에서 1순위이고, 영원히 사라지지 않을 것이라는 의견까지 나오는 유망한 전망 • 아직 다른 언어가 대체하기 힘든 고유의 영역 점유
단점	• 취업 시장에서 전공자들과 정면 대결을 해야 함 • 입문이 상대적으로 어려움. 능숙하게 다루려면 컴퓨터공학 지식을 어느 정도 필요로 함
채용 현황	활발

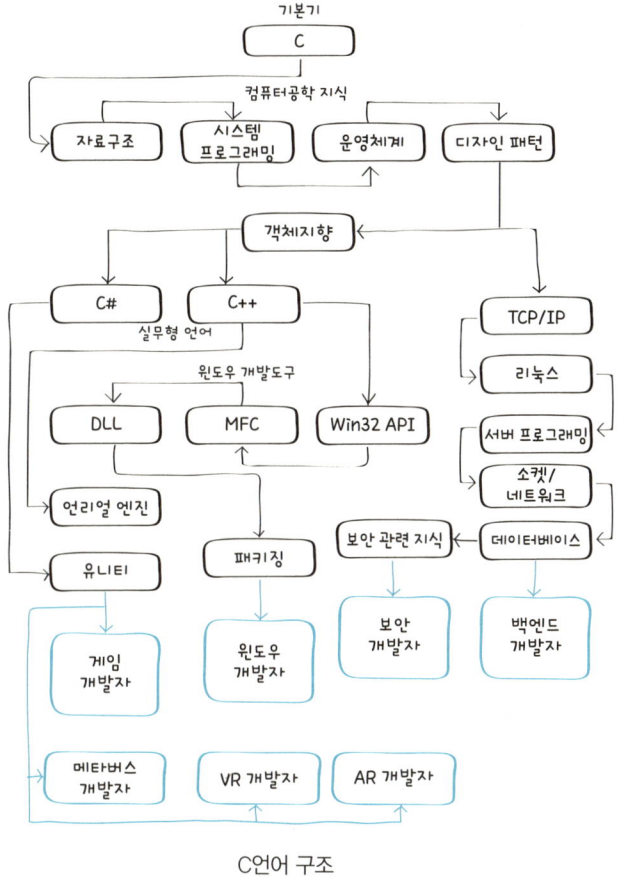

C언어 구조

　C언어는 입문용 언어 중에서는 가장 역사가 오래되었고 다른 언어들의 기반이 되는 중요한 언어입니다. "이제 C언어는 망했다."라는 이야기가 10년 전부터 들려오지만, 오히려 일자리는 계속해서

늘어나고 있습니다. 어쩌면 평생 사용하게 될 수도 있는 언어지요.

사실 C언어 자체로는 지원하는 기능이 많지 않은데다 사용자 친화적인 언어가 아니다 보니 입문용 언어라고는 하지만 어려운 편입니다. 또한 파이썬이나 자바스크립트에 비해 개발자가 컴퓨터의 하드웨어에 대한 지식을 습득해야만 자유자재로 사용할 수 있는 것이 단점입니다. 더군다나 컴퓨터공학 전공자 중에 C언어를 사용할 줄 모르는 사람은 없기 때문에, 취업 시장에서 직접적으로 전공자와 정면 대결을 해야 합니다. 따라서 비전공자의 입문용 언어로는 사실 매력이 떨어지는 언어입니다. 하지만 다른 언어보다 빠른 속도를 보장받으면서 생산성도 갖추고 있고, 하드웨어 제어부터 OS 설계까지 가능할 정도로 어마어마한 자유도를 보장받는 등 확실한 장점도 있습니다.

C언어를 주로 공부하는 분이라면 임베디드, 보안, 응용프로그램, 게임 분야로 취업을 준비할 수 있습니다. 또한 자연스럽게 운영체제나 네트워크 등 기초적인 컴퓨터공학을 같이 공부하게 되고, C언어를 기반으로 한 다른 언어들도 빠르게 습득할 수 있어 다른 분야로의 진출에도 굉장히 유리합니다.

비전공자가 노려볼만한 테크트리는 C#[43]까지 최대한 빠르게 공

---

43   C# : C언어의 변종 중 하나로, 게임 업계에서 많이 사용된다.

부한 다음, 게임 엔진인 유니티의 기능들을 최대한 많이 실습해 보는 것입니다. 유니티는 게임업계는 물론 메타버스, VR, AR 등 다양한 분야에서도 사용되고 있습니다. 그러면서도 컴퓨터공학적 지식보다는 감각이나 경험이 더 중요하므로 전공자와의 정면 대결에서 비전공자가 이길만한 상황도 생깁니다.

④ 아직 취업문이 넓은 자바(Java)

습득 난도	어려움
활용 범위	SI · 백엔드 · 안드로이드 개발
장점	• 오래된 회사들은 아직 자바 개발자들을 많이 채용함 • 안드로이드 개발을 하려면 자바 지식이 필요함 • 플랫폼과 기종에 얽매이지 않는 이식성
단점	• 경력이 많은 개발자와 취업 시장에서 경쟁해야 함 • 자바로 할 수 있는 모든 작업은 자바스크립트, 코틀린으로 대체 가능 • 구글과 오라클의 소송 이후 자바 시장이 축소되고 있음
채용 현황	감소 중이지만 아직 취업 시장이 매우 큼

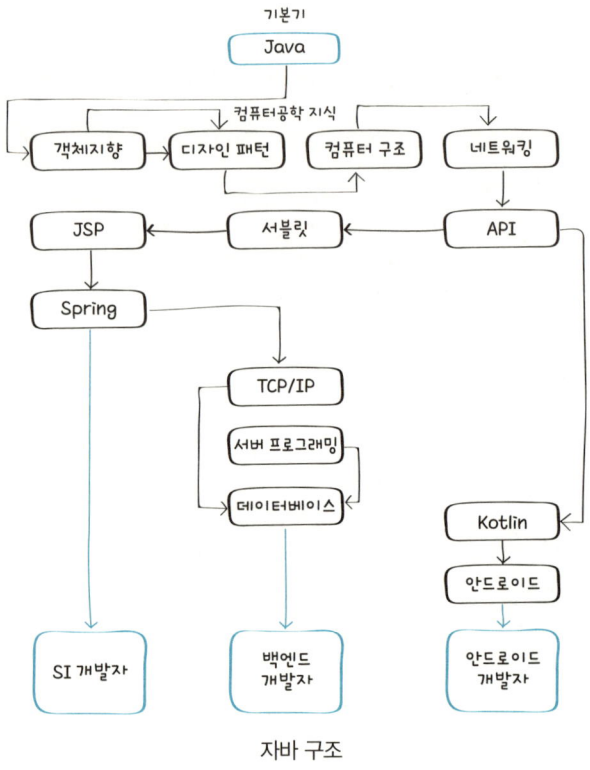

자바 구조

　자바는 선호도가 점점 감소하고 있지만 국내 개발자 취업 시장에서 가장 일자리가 많은 언어 중 하나입니다. 취업문이 넓다는 점에서 확실하게 이직에 성공하고자 하는 비전공자에게는 매력적인 측면이 있습니다. 자바는 한때 국비 교육과정을 통해 전국적인 규모로 활발히 교육되던 언어입니다. 이 시기 국내에서 자바 개발자를 위한 일자리가 대규모로 생겨났습니다.

학창 시절 자바 관련 수업을 수강한 적이 있거나 국비교육으로 자바 교육을 받은 적이 있지만 다른 직종에서 종사하고 있는 독자 중에 개발자로의 이직을 준비하는 분이 있다면 자바를 복습하는 것을 추천하지만 그 이외의 비전공자가 자바로 입문하려 한다면 충분히 고민하여 결정하기를 바랍니다.

국내의 경우 이름이 잘 알려진 대기업들과 벤처기업들, 은행계에서 여전히 자바를 활발히 사용 중이므로 해당 언어를 구사할 수 있는 개발자에 대해 꾸준히 수요가 있습니다. 새로 치고 올라오는 언어들이 많지만, 자바로 개발된 기존의 시스템을 유지·보수하는 언어는 여전히 자바이기 때문입니다.

하지만 구글과 오라클의 소송[44] 이후, 자바만의 고유영역으로 분류되었던 개발 분야들은 모두 다른 언어로 대체되고 있습니다. 따라서 지금 시점에 비전공자가 자바를 공부하기 시작하여 취업을 준비하는 것은 심사숙고해야 합니다. 왜냐하면 채용 시장이 크지만 이미 개발자 인력이 충분히 많으므로 좁아지는 시장에서 경력직 개발자들과 경쟁해야 할 때도 있습니다.

---

44 구글은 안드로이드를 개발하면서 자바를 사용했다. 자바의 운영사인 오라클은 이를 저작권 위반이라 주장하며 구글을 상대로 소송을 걸었고, '자바로 소프트웨어를 만들면 소송을 당하는구나!'라는 인식을 전 세계 IT업계에 각인시키는 바람에 자바 몰락의 계기가 되었다. 10년간의 소송 끝에 구글이 승소하며 사건은 마무리되었다.

큰 노력이 따르더라도 확실하게 개발자로 이직을 원하는 분들이나 나중에 자바 관련 일자리가 줄어들더라도 실무에서 쌓은 경험을 바탕으로 새로운 도구에 빠르게 적응할 자신이 있는 분들에게는 어쩌면 최고의 선택지일 수 있겠네요.

자신만의 기준으로 선택하기

개인적으로 본인이 코딩에 입문할 첫 언어를 고르는 일은 꽤 중요하다고 생각합니다. 다만 이 언어만을 평생 쓸 목적으로 골라야 해서 중요한 것이 아니라, 개발이란 행위에 흥미를 느끼고 공부를 지속할 수 있도록 해야 한다는 의미에서 중요하다는 뜻입니다.

개인적인 경험에 비추어봤을 때, 극초반에 하는 개발 공부는 일부 예외를 제외하면 대부분 놀랍도록 흡사합니다. 이제는 프로그래머들이 필수요소인 "Hello World"를 출력하는 것으로 시작해서 이후에는 사칙연산을 하고, 문자열과 리스트 등을 거쳐, 반복문과 조건문을 활용하고, 함수도 짜보고, 객체지향이라면 클래스도 다뤄보는 식입니다.

물론 이 과정들은 모두 중요합니다. 돌이켜보면 어느 하나 쓰지 않는 것이 없으니까요. 하지만 개인적으로는 '이것들로 나중에 내가 원하는 일을 할 수 있을까?'라는 의문에 대해서는 시원하게 답을 내리기 힘들었습니다.

공부가 게임과 달리 어렵고 지겨운 이유는 노력과 행위에 대한 즉각적인 피드백을 얻을 수 없고, 심지어 투자한 만큼 결과가 나오지도 않는다는 점입니다. 더군다나 생전 접해본 적도 없는 분야에 도전하는 경우라면, 안개 낀 망망대해를 자신 있게 헤쳐 나갈 능력과 배짱이 있는 사람이 오히려 훨씬 드물 겁니다. 그렇기에 조금이라도 빠르게 스스로에게 만족감을 줄 방안을 강구하는 편이 좋다고 생각합니다.

서두가 조금 길었습니다만, 저자(효석)같은 경우에는 다음과 같은 기준으로 언어를 골랐던 것 같습니다.

① 당장 필요한 언어

조금 예외적인 경우지만, 공부의 목적이 근시일 안에 당장 해결해야 할 프로젝트가 있는 경우입니다. 입문자들 대부분이 파이썬이나 HTML 같은 언어를 공부할 때, 저는 학부 실험 수업 프로젝트 때문에 아두이노를 만져야 했습니다. 덕분에 지금까지 사용하지 않은 C언어로 입문하였고 도서관에도 자주 드나들고 겨우 수업을 마무리할 수 있었습니다.

사실 어쩔 수 없는 경우다 보니 저는 개인적인 흥미나 난이도를 고려할 수는 없었지만, 이게 좋은 방법은 아닐 겁니다. 실제로 많이 험난했던 편이구요. 반드시 해야 하는 일이 생긴다면 어쩔 수 없겠지만, 긴박한 상황은 대부분의 교육 여건에서 호재는 아닌 것 같습니다. 여러분들은 급작스러운 필요에 의해 입문하지 않았으면 좋겠습니다.

일단 이런 상황이라면 기초부터 차근차근 밟아가는 과정은 실용성이 없습니다. 상황을 타개하는 것이 목적이므로 본인이 원하는 부분부터 빠르게 훑어보고, 필요한 부분만 따로 찾아보는 위키피디아식 공부법을 추천합니다. 그리고 훗날 다시 이 언어를 공부할지도 모르니 이를 대비해서 지금 작성한 코드는 어딘가에 저장해 둡시다. 본인의 코드를 리뷰하면서 저지르기 쉬운 실수들을 기억하는 데 도움이 될 테니까요.

② 문법이 쉬운 언어

프로그래밍 언어는 기본적으로 기계에 명령을 내리기 위한 언어입니다. 목적이 컴퓨터와 소통하는 것이므로, 컴퓨터가 알아들을 수 있는 말로 의사소통을 해야겠지요. 하지만 컴퓨터는 0과 1만으로 이루어진 언어만 이해할 수 있기 때문에 사람이 알아보는 것은 불가능에 가깝고, 이를 대체할 수 있는 다양한 언어를 개발하게 된 것입니다.

기계어에 가까운 저차원 언어는 굉장히 복잡한 문법을 가지고 있어, 같은 작업을 하는데도 코드가 몇 배는 더 길고 사람이 알아보기도 힘듭니다. 필요에 의해서라거나 다른 언어를 공부한 이후라면 모르겠지만, 비전공 입문자가 처음부터 친숙하게 다룰 만한 난이도는 아니라고 생각합니다.

이 반대편에 있는 언어를 고차원 프로그래밍 언어라고 합니다. 상대적으로 사람이 이해하기 쉽게 작성된 언어로, 가독성이 월등하게 좋다 보니 다루기 간단합니다. 대표적인 예시로는 수년간 개발 언어 점유율 상위 랭킹에서 내려올 생각이 없는 파이썬이나, 프론트엔드를 하며 가장 먼저 접하게 될 자바스크립트 등이 있습니다.

③ 가시적인 결과물을 낼 수 있는 언어

저자(효석)는 공부의 성과를 정말 중요하게 여깁니다. 본인이 무엇을 위해 공부하고 있는지를 알고 있어도 중간결과를 확인할 수 없으면 흥미는 순식간에 사라집니다. 그렇기에 콘솔 창보다는 조금 더 직관적으로 코드의 결과물들을 나타낼 수 있는 것들이 필요하다고 생각합니다.

보통 이런 결과물은 프론트엔드로 접하는 것이 일반적이므로, 이런 분들은 보통 HTML이나 자바스크립트로 시작하게 됩니다. 코드에 대한 시각적인 피드백이 있다는 것이 개인적으론 굉장한 장점으로 다가왔습니다. 필연적으로 구현한 코드를 서버에 연결하는 작업이 수반되므로 이후의 목표를 설계하기에도 좋습니다.

만약 3D 엔진에 관심이 있다면 C#이나 UnrealScript도 충분히 좋은 선택이 될 수 있습니다만, 순수하게 코딩 공부를 하는 것보다는 신경 써야 할 점이 다양합니다. 본인의 취향과 목적에 맞게 선택하기를 바랍니다.

④ 커리큘럼이 상대적으로 짧은 언어

미리 말하자면, 실제로 깊이가 얕은 언어라는 뜻은 아닙니다. 본인이 강의를 듣는 플랫폼이 있을 때, 입문으로 주로 선택하는 언어는 아니지만 강의를 제공하는 언어들이 더러 있습니다. 주 커리큘럼을 하나 따라가면서 곁가지로 듣는 데 생각보다 크게 부담되지는 않는 수준입니다.

저자(효석)의 경우에는 수강하는 플랫폼에 Go나 Ruby 등의 언어 강의가 있었고, 파이썬에 비하면 강의 수가 절반도 되지 않아서 가벼운 마음으로 들었던 기억이 있습니다. 이 언어를 반드시 사용하는 것이 아니라도, 나중에 유사한 언어를 다루는 데 도움이 됩니다.

⑤ 재미를 위한 언어

여기서 제시하는 언어들은 실제로는 잘 사용되지 않으므로 진심으로 추천하는 것은 아닙니다. 다만 재미로 이런 언어를 공부해 보는 것도 흥미를 돋울만한 소재는 되는 것 같았습니다.

구글에서 '난해한 프로그래밍 언어'라고 검색해 보면, 이게 도대체 무슨 언어인가 싶은 것들이 수십 가지가 튀어나옵니다. 한글이나 숫자로 작성하는 건 애교 수준이고, 괄호만으로 코드를 작성하는가 하면, 대본이나 레시피 같은 언어에 심지어는 아스키 아트로 작성하거나 도트 단위로 그림을 그려야 하는 언어도 있습니다. 따로 언어 이름은 말씀드리지 않을 테니 궁금하다면 찾아보기를 바랍니다.

이런 언어들은 애초에 프로그래머들을 괴롭히고 싶어서 만든 것들이라 간단한 코드를 작성하는 데도 애로사항이 많습니다. 흥미로 한 번 둘러보기에도 재밌지만, 어느 정도 코딩을 경험한 분들이라면 이 언어에 어떤 결함이 있는지 알아보거나 주로 사용하는 언어로 얼마나 간단히 번역할 수 있는지 생각해보는 것도 나름 좋은 공부가 될 것 같습니다.

학벌의 벽을 넘을 수 있을까요? 전문분야잖아요

예전만큼은 아니지만 여전히 한국 사회에서 '학벌'은 중요한 요소로 작용합니다. 이력서에도 이름 다음으로 적는 게 학교와 전공이고, 사회에 나오면 인맥과 학벌로 뭉친 세력을 과시하는 무리도 만날 수 있습니다.

이런 현실은 개발자뿐만 아니라 어느 분야에서 일하든 마찬가지입니다. 어느 학교에서 뭘 전공했느냐에 따라 수업 커리큘럼이나 교수진 등의 차이는 있을지도 모릅니다. 또한 학벌이 좋다는 것은 인내심이나 공부 머리가 있다는 방증이 될 수도 있고요.

현실이 이렇다 보니 개발자 지망생 중에는 학력과 학벌 때문에 고민하는 분들이 은근히 많습니다. 편입이나 대학원 입학을 고민하거나, 유학까지 생각하는 분도 있었습니다. 실제로 행동하는 분들도 적지 않고요.

냉정하게 말하자면, 개발자에게 학력과 학벌은 중요하기도, 중요하지 않기도 합니다. 이게 무슨 말이냐면, R&D 팀을 유지할 정도의 회사라면 논문을 쓸 수 있는 개발자를 구하는 경우가 많습니다. 또한 딥러닝이나 AI 등 석·박사급 이상의 연구를 진행했던 사람만 투입할 수 있는 영역도 분명히 있습니다. 회사 차원에서 정부 과제에 지원하거나 투자금을 유치할 때 일정 비율 이상의 석·박사급 직원을 요구받기도 합니다.

이런 규모의 기업에선 석·박사를 마친 개발자가 귀한 인재입니다. 이미 실무에 대해서 어느 정도 알고 있을 것이라는 기대감도 있고 필요하다면 스스로 연구까지 할 수 있는 능력자니까요. 특수 직무에서 석·박사 이상의 능력을 요구하는 것은 이런 이유 때문입니다.

하지만 이외의 영역이라면 석사 이상의 학위가 필수는 아닙니다. 개발은 절대적으로 경험치 싸움입니다. 누가 더 많은 코드를 읽어봤는가, 누가 더 시대를 앞서 나가는가, 누가 더 좋은 코드를 많이 작성했는가가 훨씬 중요한 경쟁력입니다. 이런 능력은 학벌만 좋다고 갑자기 생기는 게 아니라 본인의 시간과 노력을 투자해야 얻을 수 있습니다. 또한 학벌 좋은 사람이 직무에 투입되어 곧바로 성과를 낸다는 보장도 없습니다. 비전공자나 전공자나 모두가 똑같은 도전자일 뿐이니, 자만하거나 기죽을 이유가 없습니다.

이처럼 각자의 목적에 따라서 가야 할 방향이 다르므로 획일화된 로드맵을 제시할 수는 없습니다. 따라서 여러분이 가고 싶은 길과 환경을 고민해보고 선택하기를 바랍니다.

나이가 많은데
지금 시작해도 될까요?

뒤늦게 코딩 공부를 시작한 분들은 일찍 개발자의 삶으로 뛰어든 젊은 사람들과 자신을 비교합니다. 나이도 어린데 무슨 코딩 대회에서 상을 탔다느니, 작성한 코드를 보고 대기업에서 스카우트 제의가 왔다느니…. 이런 소문을 들으면 부러운 마음과 동시에 맥이 빠지며 '역시 나는 너무 늦었어.'라고 생각합니다. 뒤늦은 공부가 무의미한 짓은 아닌지 의심만 커집니다.

그런데 말이죠, 일찍 진로를 결정하고 시작한 사람들과 이제 막 시작하는 우리를 동일선상에 놓는 건 어불성설입니다. 그런 사람들은 어릴 적부터 코딩을 시작해서 대학교 진학쯤엔 게임 서너 개를 뚝딱 만들어 포트폴리오로 제출했을 겁니다. 앞장에서 개발이 경험치 싸움이라는 말을 했는데, 그 사람들이야말로 밥 먹고 코딩만 한, 개발 경험치 '1티어'인 사람들입니다. 비교 대상도 안 되거니와 비교해서도 안 되는 베테랑들은 쿨하게 인정하고 보내드립시다.

그러면 이제 스스로 '때를 놓친 것 같다'라는 우려만 해결하면 됩니다. 이 부분은 여러분이 개발을 놓지 않고 꾸준히 지속하다 보면 원하는 분야에서만큼은 충분히 해결할 수 있는 문제입니다. 또한, 프로그래밍은 젊을 때 잠깐 배운 것으로 평생 먹고사는 영역이 아니라, 나이를 먹고도 꾸준히 공부해야 하는 직종입니다. 심지어 하던 것만 하는 게 아니라 끊임없이 새로운 분야를 따라가야 합니다.

결론적으로 입문이든 심화든 나이가 걸림돌이 될 일은 없습니다. '나이가 많아서 안 될 것 같다'라는 말은 핑계에 불과합니다. 이런 핑계는 나중에 어떤 일을 하든지 스스로 발목을 잡게 될 것이고요. 여러분은 남은 생애 중 가장 젊은 순간을 살고 있다는 걸 잊지 않았으면 합니다.

대학원에 가서 제대로
배우는 게 유리할까요?

새로운 분야로 이직을 준비할 때, 대학원 진학은 무척 매력적인 선택지로 느껴집니다. 캠퍼스를 거닐며 공부도 하고, 어려운 논문도 쓰고 학위까지 따는 모습만 상상하게 되니까요. 이왕 공부하는 거 학원보다 더 전문적일 것 같고, 학위까지 나오는 대학원에서 제대로 공부하는 게 낫지 않을까 라고 생각할 것입니다.

현업 개발자들도 비슷한 생각을 합니다. 대학원에 가서 실력을 더 쌓으면 지금보다 훨씬 큰 프로젝트를 맡아서 활약할 수 있지 않을까? 또는 더 유명한 회사로 이직해서 연봉을 올릴 수 있지 않을까?라고 고민합니다.

마침 이 책의 저자 중 한 명은 학사, 한 명은 석사를 마친 상황이니 보다 객관적인 답변을 할 수 있을 듯합니다. 아, 둘 다 비전공자이기도 하고요.

이효석 : 학사 졸업

혼자 코딩 공부를 하다가 큰 벽을 만날 때면 자연스럽게 대학원 진학을 고민한 것은 사실입니다. 고군분투하면서 배우는 개발은 나름대로 장점도 있지만 단점도 명확합니다.

마치 밑그림 없이 붓에 물감부터 찍고 캔버스에 냅다 휘갈기는 느낌이랄까요. 듬성듬성 블록이 빠진 위태로운 젠가 타워 같은 느낌이랄까요? 기초 이론과 원리를 모르는 상태에서 코드를 작성하다 보면 실제 코드 수준과는 관계없이 항상 무언가를 빼먹은 것 같고, 어떤 잠재적 위협이 언제 어떻게 나타날지 모르기 때문에 굉장히 불안한 마음이었습니다. 그래서 주변의 선배 개발자들에게 고민을 털어놓은 적도 있었습니다.

그런데 주변의 시니어 개발자들은 하나같이 "전공과 상관없이 일(코딩)을 더 잘하기 위해 대학원 진학을 고민하는 거라면 다른 방법을 찾아보라"고 조언하더군요.

대학원은 지식을 쌓기 위한 연구를 하는 곳이지 코딩을 연습하는 곳은 아닙니다. 물론 연구 결과를 내려면 코딩은 필수이고, 그 과정에서 자연스럽게 수준이 높아질 수는 있겠지만, 이는 실무에서 일할 때도 똑같이 적용됩니다. 심지어 대학원에서 연구할 시간에 코딩 공부만 집중적으로 하면 더 좋은 성과가 날지도 모르고요.

선배 개발자들의 조언을 듣고 제가 원하는 진로를 한 번 더 고민해보게 되었습니다. 내가 원하는 게 연구를 통한 지식 탐닉인지, 내가 목표로 하는 개발자는 어떤 수준인지, 코딩하는 게 즐거운 건지 코딩의 근원을 알아가는 게 재밌는 건지 등등. 제가 연구하는 걸 좋아하고, 어디를 가든 대접받는 상위 개발자가 되는 게 목표였다면 고민 없이 대학원에 진학했을 겁니다. 특히나 최적화에 대해서 고민해야 한다거나 OS를 개발한다거나, 근원적인 부분에서 발생하는 버그에 대처하려면 전공 지식은 꼭 필요하고, 전공자가 우대받는 이유도 이런 부분에서 비전공자들보다 우위에 있기 때문입니다.

이처럼 대학원 진학을 고민하고 있다면, 본인이 무엇을 원하는지 먼저 생각해 볼 필요가 있습니다. 연구를 통해 새로운 지식을 탐구하거나 단순히 코딩하는 것 이상으로 근원적인 부분에 관심 있는 분들은 대학원에 진학하는 게 옳다고 생각합니다. 하지만 학자가 아닌 개발자로서 본인의 커리어를 이어 나가고자 한다면 대학원 진학보다 더 좋은 방법이 있을지도 모릅니다.

반병현 : 석사 졸업

결론부터 말하자면, R&D나 데이터 과학자 분야가 아니라면 대학원 진학은 별로 좋은 선택지가 아닙니다. 개인적으로 개발 실력과 학위가 비례한다고 생각하지도 않고, 대학원은 기초를 쌓기보다는 이미 가진 기초를 활용해서 새로운 것을 연구하는 곳이니까요.

저는 암세포를 연구하던 연구실에서 석사과정을 밟았고, 졸업 후 AI(인공지능) 연구를 계속하고 싶었기에 석사학위 논문은 AI 분야로 작성했습니다. 때마침 교수님이 AI 분야 기업연구과제를 수주해서 이걸 진행하며 AI 분야 논문을 완성할 수 있었습니다. 그런데 교수님도 AI 전공자가 아니었고, AI를 전공한 선배들도 거의 없어서 코딩과 AI 분야는 거의 독학하다시피 공부했습니다.

생명공학 전공자가 독학으로 AI 논문을 쓰다 보면 딱 한 가지 생각만 듭니다. "이러다가 미치거나 죽겠구나…." 그 정도로 힘든 시간이었고, 그 시간을 견딘 덕분에 (생명공학 석사학위를 소지하고 있지만) 어디 가서 AI 석사로 대접받고 있습니다.

저는 대학원에서 '대학원은 이미 기초를 완성한 사람들이 한 명의 연구자로 다듬어지기 위해 진학하는 곳'이라는 사실을 뼈저리게 통감했습니다. 따라서 단순히 지식 습득을 위한 대학원 진학은 진심으로 말리고 싶습니다.

다만 '교과석사' 제도가 개설된 대학의 대학원이라면 진학하는 것을 권합니다. KAIST 대학원에는 교과석사 제도가 있습니다. 연구실에 소속되어 연구를 진행하고 학위논문을 취득하여 석사학위를 받는 게 아니라, 단순히 2년 안에 24학점을 수강하면 석사학위가 나오는 제도입니다.

교과석사도 학부 수업 일부를 수강할 수 있으며, 시간이 허락한다면 학부 수업을 얼마든지 청강할 수도 있으므로 정말 원 없이 공부만 하며 실력을 쌓아 졸업할 수 있습니다.

다만 교과석사는 연구실을 배정받지 못하여 국책연구과제 등에 참여할 기회를 얻기 힘들고, 학위논문도 없으므로 졸업 이후에도 기업이나 연구소 취직 시 연구자로 인정받지 못할 가능성이 크다는 단점이 있습니다.

하지만 순수 개발 분야로 진로를 잡았다면 썩 나쁜 선택지는 아니라고 생각합니다. 실무에서 남들만큼 실력을 발휘할 수 있는 위치까지 올라간다면 교과석사 학위도 분명히 하나의 스펙이 될 수 있을 것입니다.

저는 대학원 과정이 너무 고통스러웠기에, 졸업하면서 '내 인생에 박사과정은 없다'라고 결심했었는데 요즘 다시 박사학위에 관심이 생기기 시작했습니다. 또한 저는 개발자보다는 공학자라는 포지션을 지향합니다. 새로운 기술을 개발하고 학계에 발표하는 것이 즐겁고, '국내 최초' 또는 '세계 최초'라는 타이틀에 무척 관심 있습니다. 저처럼 연구역량이 개발 실력보다 중요한 분야에 몸담고 싶다면 대학원 진학은 무척 매력적인 선택지라 생각합니다.

입문할 때 고른 기술이 향후 커리어와 연봉에 영향을 줄까요?

 이런 고민으로 프로그래밍 언어부터 사용하는 프레임워크까지 신중하게 고르는 분들이 있을 겁니다. 이런 분들께는 '괜한 고민하지 말고 편한 도구를 사용하라'고 말씀드리고 싶습니다.

 어차피 어느 정도 실력이 쌓이면 새로운 프로그래밍 언어를 쉽게 배울 수 있습니다. 설명서를 보고 하루 이틀 공부하면 실무에 바로 적용할 수 있을 정도입니다. 여러분이 커리어나 연봉을 고민할 만큼 성장한 시점이 된다면, 초기에 골랐던 기술이 무엇이 됐든 그다지 큰 영향을 주지 않을 것입니다.

 하지만 기술이 속한 '분야'는 매우 중요합니다. 똑같은 도구를 활용하여 홈페이지 제작 쪽으로 전문성을 쌓았는지, 혹은 데이터사이언스 쪽으로 전문성을 쌓았는지는 여러분의 커리어에 큰 영향을 미칠 수 있습니다. 쉬운 예를 위해 반병현 저자가 평가했던 입사지원서 중 가장 안타까웠던 사례를 소개해 보겠습니다.

지원자는 다년간 여러 회사에서 개발 경험이 있었으며, 여러 프로젝트에도 참여한 이력이 있었습니다. 평균 근속기간이 6개월가량으로 짧았으나, 프로젝트를 끝마치기 전에 퇴사한 적은 없었으므로 그러려니 했습니다. 근속기간보다 실력을 더 중요하게 평가하고 싶었거든요.

그런데 이력서에서 한 가지 모호한 부분을 발견했습니다. 지원자는 다년간 4~5개의 도구를 집중적으로 사용해 왔습니다. 그 도구를 다루는 숙련도는 아마 굉장히 뛰어날 것입니다.

그런데 그 도구를 활용해 만든 프로그램들이 중구난방이었습니다. 웹 페이지도 만들고, 서버도 만들고, 윈도에서 실행하는 클라이언트 개발에도 참여했다가, 안드로이드용 애플리케이션 개발에도 참여하는 식이었습니다. 결과적으로 각각의 분야에서 경험은 프로젝트 1~2회 정도에 불과했습니다. 한 분야의 경력만 놓고 보자면 인턴십 경험이 있는 신입 지원자와 비슷한 수준이었지요.

물론 어디에서나 빠르게 적응하고 업무를 익히는 능력이 있다고 평가할 수도 있었겠지만, 한 분야에서 여러 개의 프로젝트를 진행했다면 더욱 커리어가 빛났을 것이라는 생각이 들었습니다. 아마 많은 기업에서 이 지원자를 원하겠지만, 공격적으로 높은 연봉을 제시하는 기업은 거의 없을 것으로 생각했습니다.

이 지원자의 사례가 사용하는 도구(프로그래밍 언어 등)보다는 도구를 적용한 기술 분야가 더 중요한 이유를 단적으로 보여준다고 생각합니다.

따라서 여러분은 입문 단계에서는 본인에게 맞는 가장 편한 도구를 선택하고, 여러 분야를 체험해 보며 각자의 취향에 맞는 분야를 탐색해보는 것을 추천합니다.

본인의 성장에 맞추어, 혹은 회사의 방침을 따르면서 여러 도구를 번갈아 사용하되 한 우물만 깊게 파보는 겁니다. 그러면 도구의 트렌드가 바뀌어도 여러분의 커리어가 휘청대는 일은 피할 수 있을 것입니다.

단, 첫 번째 우물을 팔 자리는 잘 골라야 합니다. 앞으로 떠오를 분야 또는 앞으로 불멸할 분야를 골라야지, 역사의 뒤안길로 사라질 분야에서 커리어를 쌓는다면 어떤 프로그래밍 언어로 입문하더라도 곤란해질 수 있습니다.

베타리더의 의견

언어별로 해당 언어가 어디까지 파생되는지 그림으로 일목요연하게 나타내서 목적에 따라 맞는 언어를 확인할 수 있었습니다.

— 대학생 홍승한 —

30대 중반으로 나이도 많고, 타 전공의 학사학위만 있어서 대학원 진학을 해야 하는 게 아닌가 고민하고 있었습니다. 주변에서 현실적으로 어렵지 않겠냐는 말들을 듣다가 긍정적인 조언을 읽고 제 선택에 조금 더 확신이 생긴 것 같습니다.

— 직장인 A —

이 챕터에서 다루는 내용은 많은 비전공자가 하는 고민이라고 생각합니다. 예를 들어 분야를 선택하는 방법, 개발자가 되기 위해 갖춰야 할 가장 중요한 자질 등은 비전공자 출신으로서 개발자를 꿈꾸는 분들이 꼭 읽어 보았으면 좋겠습니다.

— 대학생 김하영 —

언어별 장단점 및 채용 현황이 일목요연하게 정리되어 있고, 커리어가 도식화되어 있어 방향을 결정하는 데 큰 도움이 되었습니다. 그리고 비전공자는 개발 공부를 시작하기에 앞서 학벌, 나이 등 현실적인 문제들을 고민하지 않을 수 없는데, 이에 대한 견해를 들을 수 있어 좋았습니다.

— 대학생 유승완 —

12
교육비 요리조리 뜯어보기

학원 및 온라인 강의 플랫폼

　코딩을 배우려는 수요가 급증하면서, 사교육도 트렌드를 따라가기 위해 콘텐츠를 제공하려 노력하고 있습니다. 인터넷 검색창에 '코딩 수업'이라는 단어만 입력해도 정기적으로 다니는 학원, 튜터를 두고 프로젝트를 진행하는 스터디, 온라인으로 원하는 수업만 들을 수 있는 강의 플랫폼, 심지어는 단기간에 실력을 끌어올리기 위한 기숙학원까지 그 형태가 다양합니다. 물론 파이썬, 자바, HTML, R 등 언어별로도 자세히 나누어져 있고, 프론트엔드, 크롤링, 데이터 분석 등 특별한 목적을 위한 강의들도 많습니다.

　하지만 본인의 목적에 부합하지 않는 강의 수강은 굉장히 먼 길을 돌아가는 상황을 만들 수도 있습니다. 좀 더 냉정히 말하면 당장 본인이 원하는 일에 하나도 적용하지 못할 수도 있습니다.

자, 지금부터 본인의 목적에 맞는 강의를 찾을 수 있는 나름의 요령을 알려드리도록 하겠습니다.

어떤 목적으로 강의를 듣는지 생각해보세요

내가 수업을 통해 무엇을 얻고자 하는지를 먼저 생각해야 합니다. 새로운 홈페이지 런칭을 위해 웹 프론트엔드를 배우고 싶을 수도 있고, 논문을 쓰는데 데이터 분석이 필요할 수도 있고, 본인만의 아이템을 가지고 앱이나 게임 등을 만들려고 할 수도 있습니다. 이렇게 다양한 목표와 목적이 있다면, 특정한 한 강의로 모든 분야의 입문을 시작할 수 있다는 것은 어불성설이겠지요.

또한 같은 내용을 다룬다고 해도, 수업의 퀄리티가 차이 나는 경우가 있습니다. 폭넓은 내용을 다루거나 한 주제만 깊게 다루는 것이 당장 도움이 되는 건 아닙니다. 따라서 필요한 정보가 집약된 강의를 선택하는 것이 좋습니다.

본인이 당장 무엇을 할 것인지, 그 일을 하려면 무엇이 필요한지 먼저 생각한 뒤에 필요한 것을 모색하기를 바랍니다.

내 실력이 어느 정도인지 평가해보세요

개발을 처음 배우는 사람인데도 욕심이 앞서 응용 강의를 신청하는 분이 생각보다 많습니다. 그렇게 덜컥 시작했다가 무지막지한 난이도에 좌절하고 말지요. 일부 사람들은 악착같이 들으면서 버티기도 하지만, 결국엔 처음으로 돌아가 기초 강의를 찾아 듣는 일이 허다합니다.

또한 어느 정도 사전 지식이 있는데 무작정 기초강좌를 듣는 것도 바람직한 일은 아닙니다. 기초는 탄탄할수록 좋지만, 정작 다음 단계를 밟지 못한다면 성장이 정체되어 버릴 수 있습니다. 따라서 본인의 실력을 객관화하여 수준에 맞는 강의를 선택할 필요가 있습니다.

시간과 비용을 얼마나 투자할 수 있는지 분석해보세요

최근에는 2~3개월씩 숙박하면서 강좌를 듣고 개인/협동 프로젝트를 진행하면서 단기간에 실력을 끌어올리는 프로그램도 생겼습니다. 집중적으로 코딩을 공부할 수 있다는 장점이 있지만, 당장 학업이나 생업을 포기하고 참여하기에는 부담이 따릅니다.

반대로 방학 중이거나 휴직 상태여서 시간이 충분히 있음에도 좀 더 쉬고 싶은 마음에 기회를 날려버린다면 이 역시 굉장히 아까운 일입니다. 시간은 넉넉한데 금전 사정이 여의찮다면 본인의 프로젝트를 별도로 운영해 보면서 시간을 활용해보기를 바랍니다.

아예 대기업에서 6개월에서 1년간 숙식과 생활비를 제공하면서 코딩 교육을 제공하기도 하니 이와 관련한 정보를 찾아보는 것도 매우 좋은 선택이 될 수 있습니다. 예를 들어 삼성전자와 고용노동부가 함께 제공하는 SSAFY https://ssafy.com가 대표적인 예입니다. 다만 이런 프로그램들은 선발 경쟁률이 매우 치열해서 꼼꼼한 준비가 필요합니다.

결론적으로, 여러분이 개발 공부에 비용과 시간을 얼마나 쏟을 수 있는지 전략적으로 판단하고, 가장 어울리는 포맷의 교육기관을 찾아 수강하는 것을 권하고 싶습니다.

무료 온라인 강의 알아보기

오픈 소스 정신 때문일까요? IT 업계에서는 지식을 무료로 알려 주기 위해 시간과 돈과 노력을 투자하는 사람들이 많이 있습니다. 수지타산만 생각한다면 이해할 수 없을 정도로 방대한 자료가 인터넷에 무료로 올라와 있으므로, 이를 적극적으로 활용하면 빠르게 실력을 키울 수 있습니다.

무료 콘텐츠만으로 실력을 향상할 수 있을지, 유료 콘텐츠에 비해 수준이 떨어지는 것은 아닌지 걱정될 수도 있습니다. 하지만 저자(반병현)의 경우 지금까지 단 한 번도 학원 강좌를 수강하거나 유료 영상 강의를 구매해 본 적이 없는 사람입니다.

시중에서 가장 인기 있는 코딩 강의 분야인 웹 프론트엔드를 예로 들어 볼까요? 저자는 '생활코딩'이라는 무료 교육 홈페이지를 통해 영상을 시청하고 코딩 실습을 따라 했습니다. 이후 혼자 프로젝트를 진행하며 배운 지식에 익숙해지려 노력했고, 실무도 진행해 봤지만 지식의 부족함을 느껴본 적은 없습니다. 오히려 지금은 웹 프론트엔드 서적을 집필할 정도로 실력이 향상했고요.

이처럼 무료 강의에 무척이나 만족했고, 커리어 향상에도 실질적인 도움이 되었다고 생각하기에 몇 가지 무료 강의를 소개하고자 합니다.

① 생활코딩 (https://opentutorials.org/course/1)

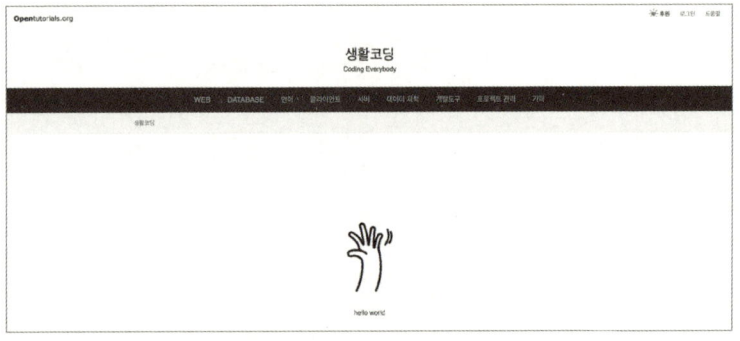

생활코딩 홈페이지

생활코딩은 무료로 온라인, 오프라인 코딩 교육을 제공하기 위하여 만들어진 플랫폼입니다. 생활코딩의 운영자는 이고잉egoing이라는 닉네임을 사용하는 개발자입니다. 유명세를 상업적 목적으로 활용할 수 있음에도 굳이 익명을 사용하여 무료 교육의 본질에 다가섰다는 평을 받고 있습니다.

생활코딩에서는 웹 프론트엔드 및 백엔드 개발, 데이터베이스, 프로그래밍 언어는 물론이거니와 클라이언트 개발, 서버 개발, 데이터 사이언스 등 당장 취업문을 부술 수 있는 중요한 토픽들의 강의를 제공하고 있습니다.

또한, 방대한 정보의 홍수 속에서 학습자 스스로 학습 커리큘럼을 설계하도록 도와주는 툴을 제공합니다. 생활코딩 강의의 가장 큰 특징은 쉽고 친절한 설명과 더불어, 지금 배우는 토픽이 왜 필요한지, 실무에서는 어떻게 활용되는지 등 자세한 안내가 제공된다는 점입니다. 혼자 공부하다 보면 길을 잃고 헤맬 때가 있는데, 생활코딩 강의를 듣는 동안에는 학습자 본인이 어느 지점에 도달해 있는지 직관적으로 이해할 수 있습니다.

커리큘럼의 자유도가 높은 것이 일부 수강자에게는 단점으로 다가올 수도 있습니다. 자신이 원하는 만큼, 배우고 싶은 만큼 배울 수 있는 플랫폼이므로 강제성이 없습니다. 따라서 작심삼일이 익숙한 분이 생활코딩을 활용할 때는, 수강 전에 나름대로 진도표를 작성하고 스스로 수업 일정으로 관리할 필요가 있습니다.

② K-MOOC (https://kmooc.kr)

K-MOOC 홈페이지

흔히 '한국형' 또는 'K-'라는 단어로 시작하는 서비스 중 좋지 않은 것도 많이 있습니다. 하지만 예외가 있으니, 그중 하나가 바로 'K-MOOC'입니다. MOOC는 대규모 온라인 공개수업Masive Open Online Course을 의미하는 서비스로, 주로 대학과 연구소 교수진들의 수업을 녹화하여 공개하는 서비스입니다. K-MOOC는 한국형 MOOC라는 의미입니다.

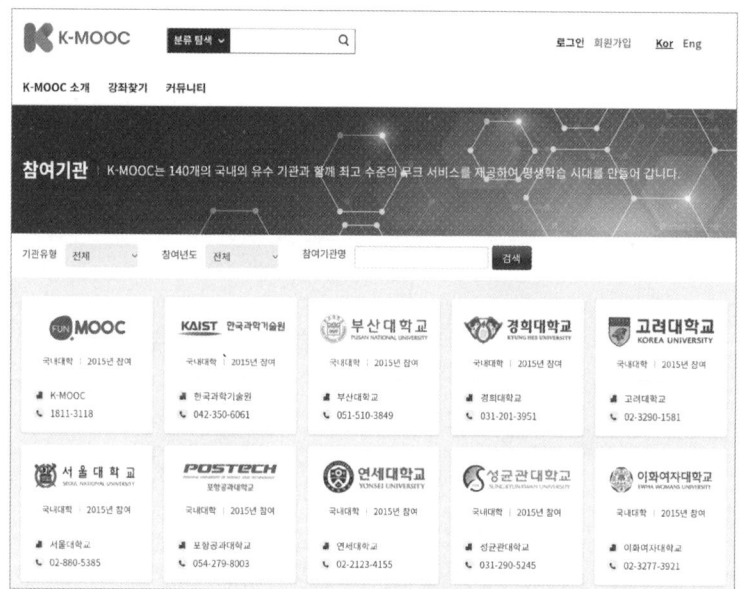

K-MOOC 참여기관 일부

    K-MOOC에는 140여 개의 대학과 기관이 참여하고 있습니다. 사실상 국내의 명문대는 전부 참여하고 있다고 봐도 무방합니다. 방구석에 앉아 서울대 학생들과 같은 수업을 무료로 들을 수 있다는 의미입니다.

    K-MOOC는 대학 강좌 위주로 구성되어 있으므로 프로그래밍 기초를 수강하기보다는, 부족한 컴퓨터공학 지식을 보충하는 용도로 사용하면 좋습니다. 자료구조론이나 컴퓨터 구조 혹은 딥러닝

등 공부하고 싶은 분야를 검색하면, 관련 주제를 다룬 대학 강좌들을 무료로 수강할 수 있습니다.

③ 코세라 (https://coursera.org)

코세라 홈페이지

코세라는 전 세계에서 가장 사랑받는 MOOC 서비스입니다. 특히 딥러닝이나 인공지능 분야에 입문하려면 코세라에서 앤드루 응 Andrew Ng 교수의 강의를 수강하는 것이 거의 필수 코스처럼 여겨지고 있습니다. 예전에는 딥러닝의 창시자인 제프리 힌턴 Geoffrey Everest Hinton 교수의 강의도 올라와 있었습니다. 그만큼 코세라의 위상과 권위가 높다는 뜻입니다.

코세라의 유일한 단점은 언어의 장벽입니다. 영어에 능통하다면 물 만난 물고기처럼 빠르게 성장할 수 있습니다. 영어가 서툴더라도 대안은 있습니다.

K-MOOC와 코세라 제휴 페이지(https://kmooc.kr/coursera)

K-MOOC가 코세라와 제휴하여 일부 강의를 한국어 자막으로 제공하고 있으니, 제휴 페이지에 원하는 강좌가 있다면 편리하게 수강할 수 있습니다(단, 일부 강좌는 구독권을 구매해야 합니다).

국비 지원으로
부담 없는 코딩 교육

국비 지원으로 코딩 강좌를 듣고 이직했다는 이야기를 인터넷에서 쉽게 찾아볼 수 있습니다. 네이버나 구글에 '코딩 국비 지원'이라는 키워드를 입력하면 수많은 업체를 찾아볼 수 있는데요, 이번 장에서는 국비 지원사업이나 정부 지원 사업으로 코딩 관련 교육을 무료로 듣는 방법을 알아보겠습니다.

퇴사 후 이직을 준비한다면? : 내일배움카드

내일배움카드는 고용노동부의 지원으로 운영되는 지원사업입니다. 대부분 사람이 혜택을 받을 수 있어서, 국내의 국비 지원 코딩교육은 대부분 내일배움카드를 활용하여 진행됩니다.

카드 발급 시 5년간 최대 5백만 원의 교육비를 지원받을 수 있으며 청년층과 구직자, 재직자, 재취업자, 재취업 희망자 등 지원 폭도 무척 넓습니다. 사실상 공무원과 대기업 직원, 대박집 사장님을 제외한 전 국민이 지원받을 수 있다고 생각해도 무방합니다.

특히 2021년 9월에 법이 개정되며, 대학교 3학년 학생도 카드를 발급받을 수 있게 되었습니다. 따라서 졸업 전에 카드를 발급받아 온라인 국비교육을 수강하여, 남들보다 빠르게 취업문을 열 기회가 늘었습니다.

단, 아래에 해당하는 사람은 지원이 안 되므로 사전에 확인이 필요합니다.

- 현직 공무원과 사립학교 교직원
- 만 75세 이상인 사람
- 졸업까지 2년 이상 남은 대학생
- 연 매출 1억 5천만 원 이상의 자영업자
- 월 임금 300만 원 이상인 특수형태근로종사자
- 월 임금 300만 원 이상이며, 45세 미만인 대규모 기업 종사자

다만 교육비 전액을 국비로 결제할 수 있는 것은 아니며, 신청자 유형에 따라 45%~92.5%까지 국비로 결제하고 나머지는 자비로 결

제해야 하니 신청 과정에서 담당자의 안내를 신중히 청취하기를 바랍니다.

또한, 출석률 80% 이상이면 매월 11만 6천 원의 훈련장려금이 지급됩니다. 교육비 지원은 물론 점심값까지 제공해주는 사업이므로 그냥 놓치기엔 아까운 교육 과정입니다.

이직자의 경우, 실업급여를 받으면서 추가로 내일배움카드를 발급받아 교육비를 지원받을 수 있습니다. 내일배움카드로 코딩강의를 수강하는 경우, 실업급여 수령을 위하여 필요한 직업훈련으로도 인정되고요. 내일배움카드는 직업훈련포털 https://www.hrd.go.kr 에서 발급 신청할 수 있습니다.

회사 다니면서 이직 준비를 한다면? : K-디지털 기초역량훈련

내일배움카드 사업의 일종으로, 비전공자를 위해서 개설된 사업입니다. 어찌 보면 우리에게 가장 적합한 사업이라 볼 수 있겠네요.

패스트캠퍼스, 팀스파르타(스파르타코딩클럽), 구름, 코드프레소, 엘리스, 모두의 연구소를 비롯하여 국내의 대형 온라인 코딩 교육 플랫폼으로부터 강좌를 수강할 수 있습니다. 34세 이하 청년 재직자와 구직자, 35세 이상 55세 미만 구직자에에게 혜택이 주어지므로 취직이나 이직을 준비한다면 반드시 고려해볼 만한 교육입니다.

수강료 10%를 직접 내야 하지만, 한 번도 빠지지 않고 수업을 듣는다면 자가 부담 비용 전액을 돌려줍니다. 실질적으로 무료 강의인 셈이지요. 마찬가지로 직업훈련포털 https://www.hrd.go.kr 에서 신청할 수 있으며, 내일배움카드와 중복 수혜가 가능합니다. 또한 내일배움카드 지원금과 별도로 추가로 50만 원의 지원금이 제공됩니다.

첫 취업을 준비한다면? : 취업성공패키지

정부에서 실시하는 가장 큰 규모의 취업지원사업 중 하나입니다. 취업성공패키지는 지원 자격에 따라 I유형과 II유형으로 구분됩니다.

취업성공패키지는 이직보다는 취직과 재취업에 초점을 맞춘 지원사업입니다. 상담을 비롯하여 직업훈련 지원금이 제공되는데, 이 지원금으로 코딩 강좌를 수강하는 형태입니다.

취업 계획을 세우면 최대 25만 원의 수당이 지급되며, 교육을 성실하게 수강하면 매월 최대 28만 4천 원의 취업 참여 수당이 제공됩니다. 취업에 성공할 경우 최대 150만 원의 취업 지원금까지 제공되고요. 내일배움카드와 병행할 경우, 내일배움카드의 자부담비가 최대 15%로 내려가기 때문에 내일배움카드 신청 대상인 분들도 취업성공패키지 지원 자격이 된다면 취업성공패키지를 신청하는 게 훨씬 유리합니다.

취업성공패키지 I유형 지원대상자

- 만 18~69세 (단, 위기청소년의 경우 만 15세~만 24세)
- 생계급여수급자
- 중위소득 60% 이하 가구원
- 여성가장, 위기청소년, 북한이탈주민
- 결혼 이민자, 결혼 이민자의 외국인 자녀
- 니트족

취업성공패키지 II유형 지원대상자

- 만 18세~34세인 자
- 고등학교 졸업(예정자)
- 대학교(대학원) 졸업(예정자)
- 만 35~69세 중 중위소득 100% 이하의 가구원 중 실업급여 수급 종료 이후 미취업자
- 실업급여 수급 자격이 없는 미취업자
- 취업 이력이 없는 자
- 연 매출 1억 5천만 원 이하인 사업자

국비 지원 교육기관을
고르는 노하우

　교육비가 저렴하다고 하여 아무 기관이나 골랐다간 여러분의 커리어에 큰 오점을 남길 수도 있습니다. 일례로, T모 교육기관이 한때 여러 기업의 채용 담당자들 사이에서 이슈였던 적이 있었습니다.

　이 업체에서는 비전공자를 대상으로 6개월간 교육을 진행하면서 실력 향상보다는 그럴싸한 포트폴리오를 제작하는 데에 큰 노력을 기울였습니다. 그래서일까요? 어느 시점부터 똑같이 생긴 포트폴리오를 첨부한 입사지원서가 들어오기 시작했습니다. 재미있는 점은 이들이 이력서에 기재한 희망 연봉마저도 3,600만 원가량으로 동일했다는 점입니다.

　이 정체불명의 지원자들에 대한 이야기는 순식간에 개발자 커뮤니티에 퍼져나갔습니다. 얼마 지나지 않아 누군가 이들의 출신 학원이 동일하다는 점을 발견했으며, 이 학원 출신 개발자들은 채용을 주의해야 한다는 여론이 형성되었습니다. 관련된 밈도 여럿 생겨났고요.

그래도 이 정도면 학원 괴담 중 양호한 편에 속합니다. 적어도 포트폴리오는 건졌잖아요? 실력 없는 강사가 낡은 기술만 가르쳤다가 결국 취업에 실패해서 다른 학원으로 옮겼다는 후기도 심심찮게 찾아볼 수 있습니다.

저는 가능하면 온라인으로 강의를 제공하는 국비교육 기관을 추천합니다. 집 근처에 평이 좋은 오프라인 교육 기관이 있다면 그곳을 선택해도 좋습니다.

온라인 국비 지원 교육 업체 선정 노하우

이왕이면 국비 지원 이외의 유료 강의도 엄청나게 잘 팔고 있는 업체를 고르면 더욱 좋습니다. 검증된 콘텐츠만 엄선해서 판매하는 업체일 가능성이 크기 때문입니다.

먼저 업체의 메인 홈페이지에 접속하여 강좌 목록을 살펴보기 바랍니다. 이름만 검색해도 쉽게 정보를 찾을 수 있는 유명 개발자가 강의 영상을 찍었거나[44], 관련 업체의 광고가 온갖 웹사이트에

---

44 이 경우 강좌 한 코스 촬영에 수천만 원의 비용이 발생한다. 이를 감당할 만큼 규모가 있고 검증된 기관일 가능성이 크다.

떠 있다면[45] 어느 정도 내실 있는 기업일 가능성이 큽니다.

혹은 해당 업체의 이름을 네이버 지도에서 검색해 보는 것도 좋습니다. 만약 업체가 본사 이외에도 서울 시내에 여러 건물에 촬영 전용 스튜디오를 보유하고 있다면[46] 어느 정도 규모 있는 회사일 가능성이 큽니다.

이런 업체를 한두 개 선정한 다음, 해당 업체들이 나에게 필요한 강의를 제공하는지 살펴봐야 합니다.

먼저 개발자 커뮤니티에 접속하여 프론트엔드 개발자가 되고 싶은 비전공자이며, 국비교육을 받아 공부를 시작하고 싶다는 사실을 밝히며 어떤 순서로 공부하면 실무까지 갔을 때 경쟁력을 확보할 수 있는지 질문을 남겨 보기 바랍니다.

예를 들어 프론트엔드 개발자가 되고 싶다면 HTML, CSS, 자바스크립트 분야의 기초 강좌로 시작하여 React.js, Vue.js 같이 최근에 유행하는 프레임워크까지 배울 수 있으면 좋겠다는 답변이 달릴 것입니다.

이렇게 선배 개발자들의 도움을 받아 배워야 할 기술들의 목록

---

45 통상 광고 클릭 1건은 200~400원의 비용이 발생한다. 이 비용을 감수하며 온갖 사이트에 광고를 살포할 정도로 마케팅비를 집행하고 있다면, 어느 정도 규모가 있고 검증된 기관일 가능성이 크다.

46 서울의 임대료는 상상 이상으로 비싸다. 그 비용을 매월 감당하면서도 더 큰 이윤을 창출할 자신이 있는 회사라는 의미이므로, 규모가 있고 검증된 기관일 가능성이 크다.

과 공부 순서를 어느 정도 정리한 다음, 앞서 선정해 둔 교육기관들의 강좌 목록에서 관련 강좌들을 선정해 보기 바랍니다.

이때 하나의 업체에서도 같은 주제를 두고 여러 개의 강의를 제공할 수도 있습니다. 이 경우 후기를 꼭 살펴보기 바랍니다. 쉽게 가르치는 강사인지, 혹은 조금 어렵더라도 확실히 실력을 높여주는 강사인지 등 유용한 정보를 확보하는 게 크게 도움이 될 것입니다. 구글에 강사 이름을 검색해서 업계의 전문가인지 알아보는 것도 도움이 될 것입니다.

온라인 강좌를 들을 때 주의 사항이 있습니다. 학창 시절 수능 인터넷 강좌도 마찬가지였습니다만, 강의를 켜놓고 눈으로 보고 귀로 듣기만 해서는 실력이 늘지 않습니다. 강의를 들으며 반드시 코딩을 따라 해보고, 과제도 직접 해결해 보는 과정이 필요합니다.

체육 수업을 생각해 볼까요? 몸을 움직이지 않고 이론 수업만 듣는다면, 효과적으로 운동능력을 기를 수 없습니다. 개발 역시 마찬가지입니다. 개발자는 이론을 연구하는 학자가 아니며, 실제로 회사에 수익을 가져다줄 제품을 제작하는 사람입니다. 따라서 반드시 실습을 거치며 제품 생산 능력을 길러야 할 필요가 있습니다. 이 점을 반드시 기억해 두기를 바랍니다.

오프라인 국비 지원 교육 업체 선정 노하우

지방 소재 학원 원장님들께는 죄송합니다만, 경기도 밖의 광역시 미만 소도시에 거주하고 있다면 오프라인 업체 선정을 과감히 포기하는 것을 권장합니다. 여기에는 타당한 이유가 있습니다.

어느 정도 실력이 있는 강사에게는 온라인 강의 업체에서 먼저 접근합니다. 심지어 저자는 강사로 활동하지도 않았는데 온라인 업체들로부터 많은 연락을 받았습니다.

그만큼 온라인 교육 제공 업체들도 우수한 강사를 확보하기 위해 노력하고 있습니다. 강사의 명성은 업체의 매출로 직결되기 때문입니다. 경쟁력을 갖춘 강사는 지방 소도시에서 코딩을 가르칠 이유가 없습니다. 온라인 강의 한 편만 찍어도 연봉만큼의 돈을 벌 수 있을 테니까요.

따라서 강사 약력이 투명하게 공개되지 않은 교육기관은 과감하게 후보에서 제외하기를 바랍니다. 강사가 경쟁력 있다면 구구절절 설명이 따라붙을 테니까요. 강사 약력에 대형 온라인 강좌 업체의 강의 촬영 경력이 있다면, 이미 다른 업체에서 깐깐하게 검증을 마친 강사라는 의미이므로 수강을 고려해도 좋습니다.

또한 약력이 공개되어 있더라도 개발자로서의 실무 경력이 너무 오래 전 연도로 기재되어 있다면 해당 강사의 수업을 수강하는 데 주의가 필요합니다. 개발 실무는 최신 트렌드를 모르면 적응하기가 곤란하기 때문입니다.

    그 강사가 큰 노력을 기울여 최신 개발 실무 트렌드를 따로 공부하고 있을 수도 있지만, 강좌를 아직 수강하지 않은 우리로서는 그런 사실을 알 수도 없으며 검증할 수도 없으므로 안전하게 후보에서 제외하는 것을 권장합니다.

    아마 여기까지 고민했다면 꽤 많은 교육기관이 후보 리스트에서 제외되었을 것입니다. 이들 중 여러분이 손쉽게 통학할 수 있는 업체를 몇 개 고른 다음, 평판을 조사해야 합니다.

    오프라인 학원의 평판을 조사하기란 쉽지 않으므로 여기서 우리는 개발자 커뮤니티를 활용해야 합니다. 10만 명 이상의 회원을 보유한 개발자 커뮤니티에 "xx 학원에서 개발자 국비교육 과정을 수강하려고 합니다. 혹시 이 학원의 평이 어떤지 아시는 분?" 등의 글을 올려보세요.

    사실 오프라인 업체의 평가를 듣기란 몹시도 어려운 일입니다. 온라인 업체에 비해 시장 파급력이 적기 때문입니다. 그런데도 댓글로 해당 학원에 대한 악평이 달린다면 망설임 없이 후보에서 제외하기를 바랍니다.

    오프라인 상권이라는 커다란 제약을 극복하고 온라인 세상에서까지 악평받는 교육기관은 분명히 문제가 있을 가능성이 크기 때문입니다. 단, 경쟁 학원 관계자가 여론조작을 시도했을 수도 있으므로 해당 댓글을 작성한 사람의 인적 사항을 한 번 더 살펴보기를 바랍니다. 페이스북 계정임에도 프로필 사진이 없거나, 친구 목록이 비공개되어 있다면 의심해볼 만합니다.

자, 지금까지 우리 입장에서 할 수 있는 최선을 다한 것 같습니다. 이제 살아남은 후보 학원에 방문하여 국비교육 과정 신청 절차를 안내받고 수업 일정을 살펴보며 결정하기를 바랍니다.

베타리더의 의견

비용 부담 없이 활용할 수 있는 다양한 콘텐츠를 소개하고 있어 현실적으로 공부 계획을 세우는 데 많은 도움이 되었습니다.

— 직장인 A —

국비, 학원, 강의 등 여러 학습 매체와 교육 선정 노하우를 담고 있어 계획을 세울 때 큰 도움이 될 것 같습니다.

— 취업준비생 김아름 —

개발 공부를 할 때 목적에 맞는 강의를 찾는 요령과 무료 강의를 소개해 주셔서 큰 도움이 되었습니다.

— 대학생 유승완 —

밑바닥부터 시작해야 해서, 추가로 드는 금액이 걱정이었는데, 정작 필요한 건 제 의지라는 것을 깨달았습니다. 교육비 0원!

— 대학생 권나연 —

13
선택의 기로에 선 개발자

금전적인 대우가 좋은 회사 vs 성장 가능성이 큰 회사

어느 직군이든 내가 성장할 수 있는 회사와 금전적인 대우가 좋은 회사 사이에서 늘 갈등을 겪기 마련입니다. 특히나 끊임없는 성장이 필요한 개발자들이라면 더욱 신중하게 고려할 부분이지요. 본인의 미래에도 영향이 있는 만큼 신중하게 선택하고 싶은 주니어 개발자가 있었습니다. 이 개발자는 커뮤니티에 다음과 같은 글을 올렸습니다.

"이번에 이직하게 되었습니다. A사와 B사 두 군데에 합격했는데, 두 곳 모두 전망은 상당히 좋고 회사도 빠르게 성장하고 있습니다. 그런데 A사는 스타트업이지만 연봉은 괜찮게 주는 편이고, B사

의 경우 빠르게 성장하는 벤처기업인 데다 비전도 더 괜찮아 보이지만 연봉이 짜다고 알려져 있습니다. 적당한 금액 차이면 B로 갈 텐데, 거의 1,000만 원 정도 차이가 나다 보니 고민이 되네요. 항상 연봉과 성장 사이에서 고민하게 되는 것 같습니다. 현실적인 문제이다 보니 실무에 계신 선배님들께 조언을 구하고 싶습니다."

저자라면 이 후배 개발자에게 다음과 같은 조언을 해줄 것 같습니다.

① 금전적인 대우가 좋은 회사

연봉과 상여금은 무시할 수 없는 요소입니다. 이직하든 같은 회사에서 협상하든 기존 연봉을 기준으로 본인의 가치를 책정하게 되니까요. 특히 수시로 이직하면서 직장생활을 하는 분들이라면 이 방식이 더 유리할 확률이 높습니다.

금전적 대우가 좋다는 것은 훌륭한 개발자들을 데려올 것이라는 강한 의지를 표명하는 것과 같습니다. 본인을 중심으로 팀을 만드는 중이라면 자유도를 보장받을 수 있는 것이고, 기존의 팀에 합류하는 것이라면 이미 훌륭한 개발자들이 많을 것이므로 좋은 코드를 참고하거나 양질의 피드백이 오가는 환경이 구성되어 있을 확률이 높습니다.

② 성장 가능성이 큰 회사

주니어 개발자의 52% 이상이 새로운 직장을 결정하는 가장 중요한 요소로 '성장 가능한 업무환경'을 꼽습니다.[47] 당장 연봉에서 조금 손해를 보더라도, 본인이 조언을 구할 시니어 개발자의 존재, 개발자가 자유로이 역량을 펼칠 수 있는 문화를 원하고, 직무에 관련하여 학습할 수 있는 기회를 얻고 싶어 한다는 것입니다.

쉽게 간과하는 사실이지만 시간은 결코 무한하지 않습니다. 급변하는 시류 속에서 개발자는 하루빨리 본인만의 무기를 갖출 필요가 있고, 일하면서 동시에 역량을 강화할 수 있는 여건은 쉽게 만날 수 없는 귀중한 기회이므로, 많은 개발자가 장기적인 관점으로 성장할 수 있는 회사를 선택하고 있습니다.

본인이 추구하는 가치나 상황에 따라 판단은 달라질 테지만, 결론적으로 안정적인 연봉을 받으면서 근무 환경 외부에서 충분히 본

47　출처 : https://www.dailypop.kr/news/articleView.html?idxno=63153

인이 성장할 수 있는 여건을 마련할 수 있다면 전자를, 현재의 보상을 조금 희생하더라도 장기적으로 회사의 직무가 커리어에 도움이 되었으면 좋겠다는 생각을 가진 분들은 후자를 택하게 될 것 같습니다.

다만 본인이 경력직이라면 이직을 준비하는 과정에서 '직무 연관성'만큼은 반드시 고려하기를 바랍니다. 여러분이 지금까지 쌓아온 경험을 온전히 인정받아야 해당 회사에서도 대우받을 수 있고 새로운 직장에서 성장할 가능성도 더 커집니다. 또한 다시 이직하게 되더라도 누적된 경력으로 인정받을 수 있기 때문에 상대적으로 우위를 점할 수도 있습니다.

스타트업 vs 대기업

 어떤 직군이든, 이왕이면 대기업을 선택하는 것이 왕도이자 정석입니다. 급여, 복리후생, 성장 기회 등 모든 면에서 유리하기 때문입니다. 심지어 개발자는 다른 직군에 비해 대기업 취업 난도가 낮은 편이라서 더더욱 대기업이 인기입니다.

 최근에 많이 언급되는 '네카라쿠배'는 개발자 취업시장에서 널리 쓰이는 '인기 직장 Best 5'를 의미하는 용어입니다. 그런데 '네카라쿠배'라는 단어 자체가 "아, 대기업 취업하고 싶다."라는 뜻이나 다름없다는 것을 아시나요?

네이버, 카카오, 라인은 정부에서 대기업집단[48]으로 지정한 기업이며, 쿠팡은 시가총액 30조 원 규모의 준대기업집단[49]이고, 배달의민족은 딜리버리 히어로[50]에 인수되었으므로 대기업 계열사라 볼 수 있습니다. 스타트업도 대기업 못지않다는 이야기가 있지만, 사실은 누구보다도 대기업 취업을 원하는 것이 한국 개발자들의 속내라고 생각해도 좋습니다.

하지만 비전공자가 전공자들을 제치고 대기업에 취업하는 것은 몹시 어려운 일입니다. 따라서 현실적으로 스타트업이나 중소기업에서 커리어를 쌓게 될 가능성이 크지요. 이런 상황이라면 하루라도 빨리 경력을 쌓아 대기업으로의 이직을 목표로 첫 직장을 고르는 것을 추천합니다.

스타트업 중에서는 시가총액 1조 원 이상 규모의 유니콘 기업이 지원 1순위입니다. 당근마켓, 마켓컬리 등이 여기에 해당합니다. 유니콘 기업은 이른 시일 안에 대기업으로 지정될 가능성이 큽니다.

예를 들어, 암호화폐 거래소인 업비트를 운영하는 '두나무'의 경우 아직 상장조차 하지 않았지만, 2022년 4월 공정거래위원회에서

---

48 대기업집단 : 공정거래위원회의 상호출자제한 기업집단
49 준대기업집단 : 공정거래위원회의 공시대상기업집단
50 딜리버리 히어로 : 독일의 음식 배달 서비스 회사로, 한국 기준 대기업으로 분류 가능한지는 애매한 규모이나 중견기업 이상에 해당함.

상호출자제한 기업 집단으로 지정하여 대기업으로 분류되었습니다. 너무 빠른 속도로 성장한 죄로, 상장조차 하지 않은 스타트업이 대기업으로 갑작스레 지정되는 이례적인 케이스입니다.

그만큼 유니콘 기업이 가진 가치는 무궁무진합니다. 유명 유니콘 기업에서의 장기간 근속 경력은 추후 이직 시에도 유용하게 작용할 것이고요. 유니콘 이외의 소규모 스타트업을 고려할 때는, 기업의 고용 규모를 중요한 지표로 삼고 살펴보기를 바랍니다. 이왕이면 개발자 인력이 많은 기업에 취업할수록 여러분의 커리어 성장에 도움이 될 것입니다.

개발자 커뮤니티에서 접할 수 있는 개발자 괴담[51]은 어느 정도 규모가 큰 스타트업에서는 찾아보기 힘듭니다. 규모가 작은 스타트업에서는 괴담이 아니라 현실이 될 가능성도 있으니 주의가 필요합니다.

특히 학생이 창업한 스타트업은 웬만하면 피하는 것을 추천합니다. 대표자가 사회생활 경험이 부족한 경우 사내 체계가 잡히지 않았을 가능성이 크고, 결과적으로 여러분이 취업 이후에 생각지 못한 잡무를 처리하거나 커뮤니케이션이 어려워 크게 좌절할 수도

---

51 개발자가 육체노동까지 했다거나, 실제 개발 작업은 거의 하지 않는다거나, 혼자서 너무 많은 일을 해야 한다는 등의 믿기 힘든 경험담들

있으니 말입니다.

예외가 있다면 순수 플랫폼 서비스를 지향하는 스타트업입니다. 초기 서비스는 규모가 작으므로 프론트엔드 의존도가 더 높을 가능성이 큽니다. 이런 곳에서 프론트엔드 개발에 참여할 경우 포트폴리오를 빠르게 형성하여 빠른 이직을 꾀할 수 있습니다.

백엔드의 경우, 초기 서비스는 규모가 작다 보니 한 사람이 여러 분야의 개발에 참여하게 될 가능성이 큽니다. 순수하게 본인의 빠른 실력향상에 도움이 될 수 있으므로 이 경우도 장점이 있다고 생각합니다.

다만, 개발자는 항상 이직하며 살아남고 연봉을 높여나가는 존재라는 사실을 잊지 말아야 합니다. 개발업무에 참여하고 새로운 기술을 익히며 성장하는 것도 중요하지만, 본인이 참여한 개발 내용을 포트폴리오로 정리해 두는 것이 중요합니다.

단기간에 여러 업무에 참여하며 풍부한 포트폴리오를 쌓을 수 있다는 점이 스타트업의 매력인데, 이를 정리하는 노력을 게을리한다면 이는 이직에 도움이 되지 않는 개인적인 경험에서 끝날 가능성이 크지요.

반면 단기간에 다양한 경험이 가능하다는 점이 독이 될 수도 있습니다. 앞서 언급했던 한 지원자의 이야기를 다시 해보자면, 이 사람은 3년 동안 10개 이상의 다양한 프로젝트에 참여하며 화려한 포트폴리오를 보유한 케이스였습니다. 그런데 스타트업에서 여러 업무에 무분별하게 투입되다 보니, 할 줄 아는 건 많은데 한 분야의 전문성을 쌓는 데 실패한 것이지요. 이것도 할 줄 알고 저것도 할 줄 아는데, 그간 해온 업무가 우왕좌왕 흩어져 있다 보니 한 분야의 경력자로 인정받기 모호한 상황이었습니다.

이처럼 스타트업의 다양한 업무에 이리저리 투입되어 시간과 역량을 소진 당할 상황이라면 과감하게 이직하며 커리어를 챙기는 편이 나을 수도 있습니다. 이렇게 스타트업에서는 본인이 신경 써야 할 사항이 많으며, 이를 곁에서 알려줄 선배를 만나지 못한다면 장기적으로 고생할 수도 있다는 점에서 대기업 취업을 추천합니다.

다만, 대기업 취업을 위해 입사 지원을 반복하며 1~2년씩 무직으로 버티는 것은 최악의 선택지입니다. 그럴 바에는 아무 스타트업에 취업하여 무엇이든 개발해 보는 것이 더 낫습니다.

내가 잘하는 기술 vs 요즘 떠오르는 기술

코딩은 결국 실제로 작동하는 제품을 만드는 수단에 불과합니다. 코드로 만들고 싶은 것이 무엇인지에 집중하는 것이 중요하지요. 그런 의미에서 두 가지 관점에서 이번 주제를 살펴보도록 하겠습니다.

익숙한 기술 분야 vs 요즘 떠오르는 기술 분야

"내가 하던 분야를 그만두고 인공지능을 공부해야 하나?" 아마 많은 개발자가 인공지능 기술이 떠오르던 시점에 이 같은 고민을 했을 것입니다. 실제로 AI 분야에 매력을 느껴서, 혹은 안 배우면 뒤처질 것 같아서 인공지능을 공부하기 시작한 개발자가 정말 많습니다. 심지어는 회사를 그만두고 대학원에 진학한 분도 있고요.

이 문제의 답 또한 매번 달라질 수밖에 없습니다. 갑작스럽게 이슈가 된 기술들도 성격이 조금씩 다르니까요. 2016년 무렵의 인공지능처럼 수학적 지식이 매우 필요한 분야도 있고, 2020년도의 메타버스처럼 지식보다는 센스가 더 중요한 분야도 있습니다. 새로 떠오르는 분야는 거기에 진입하기 위해 지불해야 할 기회비용이 다르므로 신중할 수밖에 없습니다. 그런 분야는 갑자기 인기가 사그라질 확률도 있고, 한참 지난 뒤 해당 분야에서 인기가 없어진다면 그동안 새로 익힌 기술들이 타 분야로 이직할 때 쓸모가 없을 수도 있습니다.

개인적으로 저자는 본인이 정말로 그 분야를 좋아하는 게 아니라면 원래 종사하던 분야를 고수해도 좋다고 생각합니다. 인공지능이라는 신기술이 전 세계를 휩쓸었지만, 의외로 우리가 일상에서 접하는 IT 서비스의 본질은 크게 달라지지 않았습니다.

인공지능이 도입되었다고 하여 스마트폰 애플리케이션 기반 서비스들이 후퇴하지 않았듯이 말입니다. 오히려 관련된 애플리케이션이 대량으로 쏟아져 나오며 새로운 회사들이 등장했고, 현재는 개발자 품귀 현상까지 벌어지고 있지요.

이처럼 신기술을 당장 익혀야만 살아남을 수 있는 것은 아닙니다. 정말 마이너한 분야를 파고 있는 것이 아니라면 새로운 기술의 급부상과 신산업의 등장은 오히려 호재로 작용할 수 있습니다.

다만 산업이 유지되거나 성장할 수 있다는 이야기이지, 만약 여러분이 일하고 있는 회사가 시장 트렌드에 한없이 뒤처진다면 사업부가 폐쇄되거나 회사가 폐업할 수도 있습니다. 너무 극단적인 예시이긴 합니다만, 스타트업이나 벤처기업에서는 자주 일어나는 일이기도 합니다.

따라서 급부상하는 기술을 바라보며 초조함을 느낀다면 어찌 됐든 현재 시점에서 본인의 포트폴리오를 재점검하고 업데이트하는 것을 추천합니다. 신기술로 넘어가려면 이직이나 퇴직은 당연한 수순일 것이며, 원래 붙잡고 있던 기술을 유지하더라도 리스크에 대비할 수 있도록 말입니다.

저자는 개인적으로 신기술이 급부상하면 관련 논문을 찾아 읽고 코드를 살펴보며, 어떤 맛인지 살펴보는 편입니다. 때로는 배척하기도 하고, 때로는 적극적으로 수용하기 위해 시간을 투자하기도 하죠. 커리어나 직장과 관련된 항목이니, 반드시 체험은 해보고 나서 결정하는 것을 권합니다.

익숙한 프로그래밍 언어와 프레임워크 vs 요즘 유행하는 언어와 프레임워크

이 경우도 사실 답이 나와 있습니다. 어느 정도 실력이 쌓인 개발자는 새로운 프로그래밍 언어나 새로운 프레임워크를 접하더라도 설명서만 읽으면 당장 활용할 수 있어야 합니다.

최근에 유행하는 언어나 프레임워크가 있다면 내가 적응할 수 있는지 없는지를 판단하기 위해서라도 일단 한번 사용해 보는 것이 좋습니다. 이후 개인적으로 공부하며 숙련도를 쌓아도 좋고, 원래 사용하던 언어를 더 깊게 파도 좋습니다.

단, 특별한 상황이 아니라면 회사에서 함께 사용하는 규격을 따르는 게 좋습니다. 한번 상상해볼까요? 동료 개발자가 어느 날 회사에서는 아무도 안 쓰는 신기한 프레임워크를 가져와 무언가를 만들더니 이직해 버리는 모습을 말입니다. 회사에 남은 동료들은 그 프로그램을 활용할 수도, 수정할 수도 없습니다. 결국 폐기하고 누군가 처음부터 다시 만들어야겠지요. 썩 유쾌한 상황은 아닐 것입니다.

그러므로 우선 시험 삼아 사용해 본 뒤에 새로운 언어나 프레임워크로 넘어갈지 말지 결정하기를 바랍니다. 만약 새로운 도구가 정말 매력적이라면 동료들과 사수에게도 관련 정보를 공유하고, 함께 그룹스터디나 세미나를 하며 정식으로 도입을 검토해 보는 것이 좋겠지요?

단, 새로 등장한 언어가 업계 대부분을 잠식하고 있는데 내가 사용하는 도구가 너무 낡아 업계에서 퇴출당하고 있다면 얼른 갈아타는 것이 맞습니다. 다른 회사에서는 더 이상 사용하지 않는 기술을 우리 회사에서만 꿋꿋이 고집하는 것은 좋은 시그널이 아닙니다.

당장 회사에서의 업무 진행을 떠나서, 여러분이 사용하는 도구를 다른 어떤 회사에서도 사용하지 않는다면 여러분이 이직할 때 몹시 불리한 상황이 생길 수도 있습니다. 개발자는 이직을 거듭하며 몸값을 높이는 경우가 많으므로, 자기의 커리어를 위해 침몰하는 배를 탈출해야 할 때도 분명히 있을 것입니다.

PM 또는 기획자로 직무 바꾸기 vs 이직해서 개발자 계속하기

이 질문은 각자의 상황에 따라 답이 달라질 것 같습니다. 먼저 여러분이 어떤 환경에 있는지를 판단하고, 아래의 내용을 참고하여 결정하기를 바랍니다.

노력 끝에 개발자가 되었다고 해도 개발자로서 살아남는 것은 전혀 다른 문제입니다. 취업 후 본인의 생각과 다른 일을 하게 되는 경우도 많고, 무엇보다 끊임없이 공부해야 하는 일에 부담을 느끼기도 쉽습니다. 이러다 보니 개발자 커리어를 계속 이어 나갈지, 아니면 이쯤에서 개발자 경력을 살린 다른 포지션으로 이동할지를 고민하시는 분들도 적지 않습니다.

이야기에 앞서 이 부분부터 짚고 넘어가겠습니다. 개발자에게 필요한 능력은 개발 스킬뿐만이 아닙니다. 또한, 개발 능력이 오직 개발자에게만 요구되는 것도 아니고요. 여러분이 지금까지 쌓아 온, 그리고 앞으로 쌓아갈 개발자의 능력은 결코 한 분야에서만 사용되는 것이 아닙니다. 그러므로 현재 여러분의 역량을 파악하고, 이 상태에서 개발자를 계속하거나 기획자로 전환하고자 할 때 어떤 장단점이 있는지를 먼저 생각해 보는 게 좋을 것 같습니다.

직무를 바꿔 살아남기

먼저 기획자로 직무를 바꾸는 걸 고민하고 있다면 개발자로서의 역량은 조금 부족하지만, 개발인력과 비개발 인력 사이의 소통 통로 역할은 가능한 상황일 겁니다. 이 경우 비개발 인력은 개발인력의 애로사항을 좀 더 직관적으로 파악해 줄 사람이 생기고, 개발 인력도 한계 이상으로 일정을 압박당하거나 역량 외의 프로젝트를 가져오는 것을 막아줄 사람이 생깁니다. 개발 직무에 몸담았던 경험으로 더욱 현실적인 로드맵을 제시할 수도 있겠네요. 이런 소통 역시 조직이 커지면 굉장히 중요한 역할이기 때문에 충분히 매력적인 직무라고 생각합니다.

물론 이 선택은 본인의 한계를 명확히 느낀 시점이라면 결코 손해 보는 일이 아닙니다. 본인의 성향과 맞지 않는데도 억지로 개발 업무를 이어 나가는 것이 오히려 괴로울 수 있으니까요. 기획자는 본인이 이전에 참여하던 개발 업무에 대한 지속적인 트래킹이 가능하고, 직접 코드를 작성하지 않을 뿐 개발에 참여하는 인력으로도 인정받을 수 있습니다.

다만 이 책을 읽는 비전공자 개발자라면 이미 본래의 위치에서 개발자로 이직한 분들일 것입니다. 그렇게 되면 이력서의 경력사항이 복잡해지는 것도 고려할 필요가 있습니다. 전공과 이력과 희망 직무가 중구난방이라면, 지원하려는 회사에서도 이 사람에 대한 판단이 모호해질 것입니다. 따라서 양쪽을 저울질해보고 본인에게 맞는 결정을 내리기 바랍니다.

이직해서 개발자 커리어를 이어가기

본인의 노력을 당장 더 투자해서라도 개발자의 커리어를 이어나가고 싶은 분들이라면, 현재 연봉을 조금 희생해서라도 이직하여 개발자 직무를 이어가기도 합니다. 개발자는 계속 일하며 코드를 만들고 설계하는 일에 대해 감각을 유지하는 것이 생각보다 중요하기 때문에, 계속 개발자를 하고 싶은 분들이라면 이 또한 합리적인 결정입니다.

초보 개발자가 새로운 직장을 알아볼 때 가장 중요하게 여기는 사항 중 하나는 성장 가능성입니다. 이 회사에서 내 실력이 얼마나 향상될 수 있는지, 이 회사에서 하는 프로젝트가 향후 나의 이력에 큰 도움이 될 수 있는지를 먼저 따지는 편입니다.

  다만 이직하는 경우라면 해당 직장에 대해 고려할 것들이 몇 가지 있습니다. 첫 번째로는 본인이 원하거나 본인 전문이 아닌 분야로 취직해야 할 수도 있다는 것이고, 두 번째는 회사에 신입 개발자를 잘 가르쳐줄 수 있는 환경이나 문화가 조성되어 있는지를 살펴볼 필요가 있습니다.

  이직하기에 앞서 본인이 이직하게 된 근본적인 원인을 냉정하게 파악해볼 필요도 있습니다. 격무에 시달리거나 회사의 문화가 본인과 맞지 않는 경우도 있겠지만, 본인의 실력이 부족할 때도 의외로 많기 때문입니다. 그런 경우라면 본인이 최종적으로 개발자로서 이루고 싶은 것이나 되고 싶은 모습을 미리 그려두고, 해당 방향으로 빠르게 성장할 방법을 모색할 필요가 있습니다. 애써 옮긴 회사에서도 똑같은 문제가 나타날 수도 있기 때문이지요.

베타리더의 의견

개발을 조금 배워보다가 기획을 하면 어떨까 하고 쉽게 생각해본 적이 있었습니다. 하지만 기획 역시 개발만큼이나 쉽지 않으니 여러 가지를 잘 고려해서 정말 잘 맞는지 확인한 뒤에 결정해야겠다는 생각이 들었습니다.

– 대학생 홍승한 –

실무를 하면서 놓이게 될 여러 선택의 순간…. 어떻게 보면 제일 중요한 사항이지만 막상 제 주변에는 개발자로 일하는 분이 없기에 쉽게 들을 수 없는 이야기인데요. 이렇게 책으로 볼 수 있어 좋았습니다.

– 취업준비생 C –

취업 시 고려해야 할 사항들이 잘 정리되어 있어 취준생들에게 도움이 될 것 같습니다.

– 취업준비생 김아름 –

개발자라면 마주할 수밖에 없는 선택의 순간들을 미리 간접 경험해 볼 수 있어 향후 방향을 결정할 때 큰 도움이 될 것 같습니다.

– 대학생 유승완 –

PART 5

커리어 코칭

좌충우돌!
개발자의 성장이란?

14 취직 이후에는 어떻게 커리어를 관리할까요?
15 비전공자 딱지 위에 경력을 덧칠하며

14

취직 이후에는 어떻게 커리어를 관리할까요?

프로젝트가 곧 나의 이력서

포트폴리오는 어떻게 정리해야 할까요?

개발자의 포트폴리오는 깃허브[52] 주소url 하나로 끝난다는 말이 있습니다. 그만큼 깃허브 관리가 중요하다는 이야기이기도 합니다만, 결과적으로 개발자는 포트폴리오 관리에 신경 써야 한다는 의미로 사용되는 말입니다.

특히 신입 개발자를 채용할 때는 포트폴리오에 더욱 눈길이 갈 수밖에 없습니다. 경력자와는 달리 실무 프로젝트 경험이 없는 경

---

52 깃허브(https://github.com) : 전 세계 개발자들이 모두 사용하는 플랫폼으로, 코드를 공유하거나 협업 용도로 사용된다. 특히 자기가 만든 코드를 정리하여 소개하는 용도로도 많이 사용된다.

우가 많으므로, 지원자가 깃허브에 올려 둔 코드들을 열람해 보며 지원자의 실력을 가늠해볼 수 있기 때문입니다.

따라서 영업비밀이나 개인정보가 기재되어 있어 숨겨야 하는 코드가 아니라면, 깃허브에 공개해 두는 편이 유리합니다. 처음에는 개발자끼리 코드의 버전을 쉽게 관리하기 위하여 만들어진 깃허브가, 어느새 생태계 깊은 곳에 뿌리내려 코드의 공개를 유도하고 있는 셈이네요.

저자의 깃허브 화면을 함께 살펴보겠습니다. 중앙 상단의 'Pinned' 메뉴에는 남들에게 자랑하고 싶은 프로젝트를 걸어둘 수 있습니다.

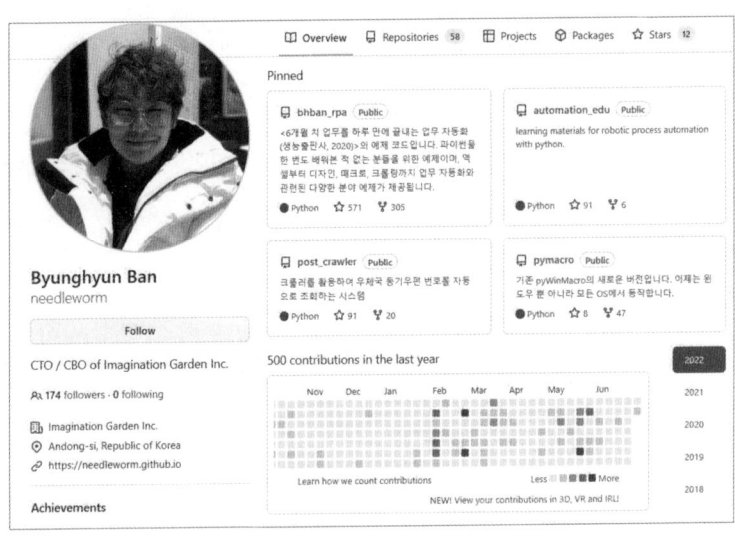

반병현 저자의 깃허브

아무래도 인사에 참여하는 시니어 개발자가 가장 관심을 둘 정보이므로 자신 있는 프로젝트를 메인에 걸어두면 좋겠죠?

화면 하단에 있는 녹색과 회색 사각형으로 구성된 체크무늬 보드에는 최근 1년간 여러분이 얼마나 자주 깃허브에 코드를 업로드 했는지 표시됩니다. 회색인 날은 코드를 업로드하지 않은 날이며, 진한 녹색인 날일수록 코드를 많이 작성했다는 의미입니다.

만약 여러분이 매일 꾸준히 코드를 작성하여 체크보드가 녹색으로 가득하다면 자연스럽게 성실성을 입증할 수 있습니다. 저자와 같이 대부분 회색 바탕에 일부 영역만 녹색이 표시되어 있다면, 인사담당자로부터 불성실한 것이 아니냐는 지적을 당할 수도 있겠지요. 이를 방어할만한 논리를 준비하셔야 합니다.

그러므로 저자는 아예 코딩 공부를 시작하는 시점부터 모든 코드를 깃허브에 차곡차곡 저장해 두는 것을 강력하게 추천합니다. 과거의 여러분이 치열하게 노력해온 흔적은 거짓말을 하지 않기 때문입니다.

최근에는 깃허브 외에 노션(https://notion.so)을 활용하여 포트폴리오를 관리하는 입사지원자도 많은 것 같습니다. 좀 더 부각하고 싶은 부분만 골라 여러분이 원하는 순서대로 뽐내고 싶다면 노션을 활용하는 것도 좋은 선택인 것 같습니다.

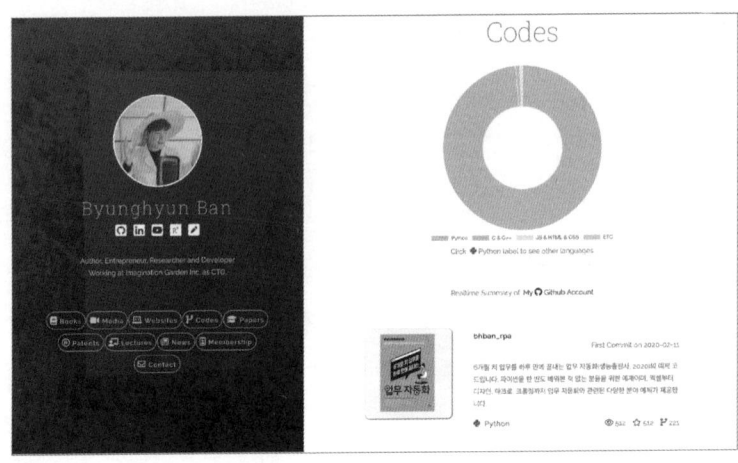

개발자 포트폴리오

    저자는 최근에 홈페이지를 따로 만들어 포트폴리오를 관리하고 있습니다. 하나의 홈페이지에 저자의 코드와 논문, 특허 등 커리어라 할 만한 기록을 한꺼번에 묶어 관리하는 것입니다. 은연중에 "나 웹 개발도 잘해요!"라는 점을 어필할 수 있다는 점도 매력적이고요. 만약 외부에 공개할 수 없는 프로젝트가 있다면 별도의 문서로 프로젝트의 상세한 정보를 제공하는 것이 좋습니다.

    다음은 저자가 생각하기에 이상적인 프로젝트 소개 예시입니다. 여기에 사용된 기술 명칭은 방금 즉석에서 떠올린 것으로, 솜사탕 제작과는 전혀 무관함을 알려드립니다. 내용에 집중하기보다는 서술 방법을 주의 깊게 살펴보기를 바랍니다.

| 솜사탕 자동 사출 시스템의 온도 제어 시스템 개발 | ← 프로젝트 제목

당시 소속 : 솜사탕컴퍼니
역할 : 온도 센서 부하 관리 및 센서의 원격 통신 프로토콜 구현 ← 프로젝트에서 나의 역할

사용 도구 :
 - C++ / node.js
 - SST-142 센서 모듈 및 Somsaino-Uno 보드

← 내가 사용했던 도구. 전문성을 어필하고 싶은 기술일수록 앞에 기재

프로젝트 기간 : 2021.05.01. ~ 2022.01.30.
참여 기간 : 2021.07.01. ~ 2022.01.30.

← 프로젝트 기간과 참여 기간을 모두 기재

프로젝트 상세 설명

당시 근로하던 솜사탕컴퍼니는 솜사탕 사출을 자동화하여 어린이들에게 폭신한 솜사탕을 자동으로 공급하는 것으로 아이들의 스트레스 수치를 낮추어, 지구온난화 예방에 기여하는 ESG 기업입니다. ← 이전 소속 회사 소개

솜사탕컴퍼니의 핵심 기술인 솜사탕 자동 사출 기술의 안정적인 구현과 제품화를 위하여 온도 제어 기술이 필요하였고, 이에 [솜사탕 자동 사출 시스템의 온도 제어 시스템 개발] 프로젝트가 진행되었습니다. ← 프로젝트를 하게 된 이유 소개

저는 프로젝트 착수 이후 2개월 시점에 투입되어 온도 센서의 부하 관리를 위한 모듈 개발을 착수하였습니다. 모듈 개발에는 Soomsaino-Uno 보드를 사용하였으며, C++ 언어를 사용하여 개발을 진행했습니다. 주로 SomSaTang 프레임워크를 사용했습니다. ← 프로젝트에서 내가 한 일 소개

예상보다 더 빨리 개발을 완료하여 센서의 원격 통신 프로토콜 구현 작업을 추가로 진행하였으며, 결과적으로 초기 계획 대비 뛰어난 성과가 있었습니다. 원격 통신 기술 구현을 위해 Node.js를 사용하였습니다. ← 추가로 어필할만한 부분

만약 저자가 검토한 이력서에 위와 같은 형태로 프로젝트 요약이 기재되어 있었다면, 매우 긍정적으로 평가했을 것입니다. 위와 같이 한글로 정성스럽게 풀어서 작성한 프로젝트 소개문은 코딩 실무를 하지 않는 기획자나 임원진이 지원자의 업무 역량을 평가하는 데 도움이 되는 장치이므로, 이미 깃허브에 포트폴리오를 정리하고 있더라도 추가로 작성하는 것을 고려해 보기 바랍니다.

이처럼 지금까지 수행했던 프로젝트나 만들어 본 프로그램들을 차곡차곡 정리해 두는 습관을 만드는 것을 추천합니다. 아직 취직 전이라 경력이 없다면, 코딩을 공부하며 만들었던 프로젝트들을 깔끔하게 정리하여 제출하면 됩니다.

기업이 신입 개발자에게 기대하는 것은 화려한 과거 경력이 아니라 과거에 어떤 경험을 했는지, 점점 성장하는 모습을 보여주고 있는지, 그리고 함께 일해 볼 만한 사람인지 여부니까요.

떠오르는 기술을 선택하는 안목

IT 업계의 트렌드는 계속해서 변화하며 발전해가고 있습니다. 여러분이 취업 준비 당시에 공부한 기술은 어쩌면 향후 10년도 되기 전에 낡은 기술이 되어 잊힐지도 모릅니다. 그러므로 항상 새로운 기술을 공부해야 살아남을 수 있고 성장할 수 있습니다. 이것이 개발자의 숙명입니다.

혼자 공부하고 혼자 코딩하는 개발자는 아무래도 트렌드에 뒤처질 수밖에 없습니다. 저자도 회사가 지방에 있다 보니 가까운 사람들로부터는 기술 트렌드에 대한 이야기를 전혀 접할 수 없습니다. 따라서 저자는 트렌드에 뒤처지지 않기 위해 발버둥치는 데에 익숙합니다. 어쩌면 이 장에서는 정말 실용적인 이야기를 전해드릴 수 있을 것 같네요.

먼저 프레임워크의 패러다임이 바뀌는 이유를 이해해야 합니다. 대부분은 아래 세 가지 이유 때문에 기존에 사용되던 도구들이 밀려나고 새로운 도구가 자리를 차지합니다.

① 기존 도구보다 기능이 뛰어난 새로운 도구의 등장
② 기존 도구보다 사용하기 쉽고 편리하고 빠른 새로운 도구의 등장
③ 대기업에서 새로운 도구 출시

①과 ②는 쉽게 납득이 되는데 ③은 조금 어리둥절한 이야기일 것입니다. 조금 상세하게 설명해 드리겠습니다. 페이스북이나 구글 같은 국제적 규모의 대기업들은 전 세계 사람들이 무료로 사용할 수 있는 획기적인 기술 프레임워크를 오픈 소스 소프트웨어로 무료 공개합니다. 무료임에도 성능 또한 매우 뛰어나 거의 항상 큰 이슈가 되지요.

그런데 기업은 이윤을 추구하는 집단이잖습니까? 그런데도 왜 오픈 소스로 무료 공개하는 것일까요? 그걸 만드는 데도 수십억이 들었을 텐데요.

그 이유는 개발 생태계를 장악하기 위해서입니다. 유명한 프레

임워크는 하나의 거대한 생태계를 구축합니다. 구글에서 발표한 텐서플로TensorFlow라는 오픈 소스 프레임워크를 예로 들어 보겠습니다.

텐서플로는 딥러닝으로 인공지능을 제작하는 데 사용되는 도구이며, 사용 방법이 매우 쉽습니다. 인공지능을 개발하는 개발자들은 텐서플로를 사용하지 않을 이유가 없습니다. 아마 전 세계의 인공지능 개발자 중에서 텐서플로를 사용할 줄 모르는 사람은 거의 없을 것입니다. 그렇게 전 세계의 인공지능 개발자들 사이에 텐서플로라는 생태계가 자리 잡았습니다. 이제 구글은 마음 놓고 인공지능 개발자를 채용할 수 있게 되었습니다. 어차피 누구를 뽑든 구글 내부에서 사용하는 텐서플로를 사용할 줄 알 테니까요. 새로 뽑은 개발자에게 텐서플로를 가르칠 필요도 없습니다. 아무나 뽑아도 경력자처럼 일할 수 있으니 시간적 효율이 무척 높아집니다.

이것이 대기업이 돈을 써 가며 오픈 소스 프레임워크를 개발하는 주된 이유입니다. 오픈 소스 프레임워크를 공개해 외부로부터 유입되는 인력의 훈련 기간을 생략할 수 있으며, 때로는 기존 인력보다도 능숙한 신입이 들어올 수도 있습니다.

실제로 실리콘밸리의 오픈 소스 소프트웨어 부서에서 일했던 시니어 개발자에 의하면, 인재들을 생태계에 유입시키는 것만으로도 수십억, 혹은 수백억 원 이상의 가치가 있다는 논리입니다.

우리나라도 현재 개발자 몸값이 금값입니다. 미국도 마찬가지지요. 실력 있는 개발자를 대량으로 확보할 수 있다면 수백억 원도 저렴하다는 논리입니다. 이해가 갑니다. 실리콘밸리에서는 개발자 한 명이 3억 원 이상의 연봉을 받는 경우도 많으니, 백억 원이라고 해 봐야 개발자 30명을 채용해 1년간 훈련하는 인건비에 지나지 않습니다.

결과적으로 투입 비용과 비교할 수 없을 정도로 큰 이득이 발생하기 때문에 대기업에서는 경쟁적으로 개발 프레임워크를 발표합니다. 그러면 많은 사람이 그 프레임워크 생태계로 이동하게 되고, 그 여파로 전 세계의 기업들이 그 프레임워크를 사용할 줄 아는 개발자를 채용하기 위해 노력하게 됩니다.

어차피 구글 같은 회사에서 내놓는 프레임워크는 기존에 유행하던 프레임워크보다 편리하고 성능이 뛰어날 가능성이 큽니다. 그런데 새로운 생태계가 형성될 것이고, 취업문까지 활짝 열립니다. 대기업이 내놓은 프레임워크를 사용하지 않을 이유가 없지요. 여기서 우리는 또 '잘 만들어진 오픈 소스 프레임워크는 생태계를 만든다'라는 정보를 얻게 됐네요.

우리는 귀를 열고, 사람들이 어느 생태계로 이동하는지 그 움직임을 면밀하게 관찰하며 따라가면 됩니다. 선발주자가 되는 것은 힘들겠지만, 적어도 기술의 변화를 따라가지 못해 도태될 가능성은 매우 낮아질 것입니다.

  이런 트렌드를 놓치지 않으려고 저자는 개발자들이 주로 찾는 커뮤니티에 가입하여 트렌드를 염탐하고 있습니다. 가끔 질문을 올리기도 하고 저자가 가진 정보를 공유하기도 하면서요. 때로는 휴가를 쓰고 개발자 콘퍼런스에 참석하기도 합니다. 가장 최근의 업계 동향을 그대로 파악할 수 있기 때문입니다.

  귀를 열고 있으면 시대의 흐름은 비교적 쉽게 확인할 수 있습니다. 그러니 다른 개발자들과 소통하기 위해 노력하는 것이 가장 중요합니다.

동료들이 의지할 수 있는 든든한 거목으로

다시 강조하지만 개발자는 혼자서는 일할 수 없습니다. 규모가 작은 회사에서도 기획자나 디자이너와 소통이 필요하며, 규모가 큰 회사에서는 수십 명의 동료 개발자와 힘을 합쳐서 하나의 제품을 제작해 나가는 사람이지요.

그런데 간혹 동료에게 자신이 가진 노하우를 꼭꼭 숨기거나, 신입 개발자를 견제해야 한다고 생각하는 분들이 있습니다. 이 책을 읽는 독자들은 제발 그러지 않기를 바랍니다.

개발 과정에서 선배의 도움이 필요한 경우는 대부분 즉각적인 대답이 힘든 문제일 가능성이 큽니다. 후배 개발자도 이미 문제를 해결하기 위해 혼자서 이런저런 시도도 하고, 구글에 검색도 해 봤을 테니까요. 따라서 후배의 질문에 답변하려면 여러분도 어느 정도 고민이 필요할지도 모르겠습니다.

내 업무에 매몰되어 있다가 다른 문제 해결을 위해 고민하는 시간을 갖는 것은 여러분의 성장에 무척 도움이 됩니다. 실력향상 측면에서의 성장뿐만 아니라, 사내에서의 평판까지 말이지요. 왜냐하면 후배의 질문에 답변하기 위해 고민하고, 검색하고, 후배와 함께 논의하는 과정을 후배를 비롯한 동료들이 함께 목격할 테니 말입니다.

혹시 너무 바빠 당장 도움을 주기 힘들다면 "지금은 너무 바빠서 힘든데, 혹시 많이 급하지 않으면 오후에 도와드려도 될까요?"라고 대답하는 것도 좋습니다. 후배 입장에서는 답이 안 나오는 문제를 붙잡고 하염없이 시간을 보내는 것보다, 시간이 조금 걸리더라도 믿을만한 사람의 도움을 받을 수 있는 상황이 훨씬 희망적이니까요.

또한 여러분도 선배나 동기, 혹은 후배에게 자유롭게 질문하면 좋겠습니다. 후배가 여러분에게 질문하면 '아, 이 친구가 나를 믿고 의지하는구나!'라는 기분을 느낄 수 있잖아요? 다른 동료도 마찬가지입니다.

개발자는 팀플레이로만 움직일 수 있는 직종이라는 사실을 다시 한번 기억해 두기를 바랍니다. 동료가 의지할 수 있는 사람이 되어 준다면 그 자체로 여러분에게 더 큰 보상이 뒤따를 것입니다.

자, 그리고 조금 여유가 있다면 동료의 범위를 더욱 넓게 생각해 보는 것도 좋겠습니다. 여러분도 개발자 커뮤니티에서 많은 도움을 받고 정보를 얻었을 것입니다. 그러니 이제는 나도 개발자 사회에 기여한다는 마음으로, 블로그에 개발 관련 노하우나 정보를 차곡차곡 정리해 보는 것을 추천합니다. 영상편집에 자신 있다면 유튜브도 좋은 매체가 될 것입니다.

누군가 여러분의 자료를 보며 꿈을 키우고 성장하며, 여러분을 동경하게 될지도 모르니까요. 언젠가 그 사람도 업계로 진출해 얼굴을 맞댈 날이 오겠지요? 좁아터진 대한민국 IT 업계 안에서 든든한 지지자를 확보할 수 있다면, 거기에서 오는 성장의 기회란 함부로 측정조차 힘들 것이라 생각합니다.

베타리더의 의견

프로젝트를 관리하는 여러 가지 방법을 보여주고 있습니다. 저자의 깃허브 계정에 저장된 내용들을 소개하고, 참고할 수 있는 사이트 주소까지 있어 너무 감사했습니다. 개발은 공유하면서 같이 성장해야 하므로 절대 노하우나 오류 해결한 내용을 숨기지 말라는 것을 당부하고 싶습니다. 저도 아는 것을 최대한 공유하고 다른 사람들에게 많이 배우겠습니다.

– 대학생 홍승한 –

포트폴리오를 관리하는 노하우를 일목요연하게 이야기해서 좋았습니다.

– 취업준비생 C –

취직 후 프로젝트 관리나 마음가짐 팁이 있어 도움이 될 것 같습니다. 특히 포트폴리오 예시가 많은 도움이 되었습니다.

– 취업준비생 김아름 –

취직 이후의 커리어를 위한 포트폴리오 정리 방법까지 알 수 있어서 좋았습니다.

– 대학생 유승완 –

15
비전공자 딱지 위에 경력을 덧칠하며

주니어 개발자가 꿈꾸는
나의 커리어

　프로그래머라는 직업이 떠오르고, 코딩 교육을 접하기도 쉬워지면서 많은 사람이 개발자가 되기 위해 노력합니다. 그리고 실제로 개발자가 되어 취업시장에 뛰어들게 되죠. 그런 면을 보면, 전 세계는 지금 유례없는 개발자 공급과잉 시대인 것 같습니다. 그런데 아이러니하게도 대부분 회사는 개발자를 구하지 못해 안달입니다. 조금 더 정확히 말하자면, 수많은 개발자 중에 회사에서 진정으로 원하는 '능력 있는' 개발자를 찾으려고 온갖 노력을 합니다. 오죽하면 개발자 채용을 위해 HR도 덩달아 주목받고 있다는 이야기도 돌고 있을 정도지요.

　그러면 회사가 원하는 개발자의 '능력'은 무엇을 의미할까요? 주니어 개발자로서 미래에 대한 고찰은 여기서부터 시작했습니다. 만약 제가 생각하는 그 능력들을 이제부터라도 찾아내어 입증해 보일 수 있다면 개발자로서의 커리어를 이어 나갈 수 있을 것이고, 만약 그렇지 않다면 저는 다른 포지션에서 다른 일을 시작해야 하겠지요. 굉장히 차가운 말이지만 개발자의 일은 언제나 증명의 연속입니다.

다시 한번 강조하지만 저는 학교에서 컴퓨터공학 전공 수업을 들은 적이 없습니다. 코딩이라는 것을 접한 것도 5년이 채 되지 않았습니다. 그래서 이제까지 쌓아온 것을 말해보라고 하면 정말 부족한 결과물만 제시할 수밖에 없습니다. 이걸 뒤집어 생각해보면 앞으로 더 성장할 수 있는 여지가 많다고 해석할 수 있을 것 같습니다.

현재 저는 흔히 '개발자'라고 하면 떠올리는 프로그램 개발 업무를 맡고 있고, 주로 프론트엔드를 다루고 있습니다. 개발된 기능들을 실제로 사용자들이 이용할 수 있도록 화면 안의 요소들과 연결하고, 더 편하게 사용할 수 있도록 구조를 개선하는 일이지요. 그래서인지 제가 붙이는 기능이나 그보다 더 기저의 구조에 대해서도 다뤄보고 싶은 욕심이 있습니다.

그래서 가장 가까운 목표라고 한다면, 우선 백엔드 개발자를 고려할 수 있을 겁니다. 프론트엔드가 사용자가 실제로 마주하는 겉모습을 보여준다면, 백엔드는 프론트엔드 뒤에서 돌아가고 있는 프로그램의 기능적인 부분을 이야기합니다. 기획자에게 특정 로직을 부탁받으면 이런 기능을 정말로 만들어내야 하는, 소위 말하는 공밀레[53]의 영역입니다.

최종적으로는 이름부터 강력한 '풀스택 개발자'가 있습니다. 여러분이 어떤 게임을 시작하자마자 만렙 용병이 들어와서 몬스터도 다 때려잡고, 채집도 해주고, 돈도 벌어오고, 퀘스트도 알아서 깨준다면 느낌이 어떨까요? 풀스택 개발자는 그 정도의 위상입니다. 코딩이 적용되는 모든 분야에서 개발을 할 수 있는 상상 속의 신 같은 사람들이지요. 신규창업을 하거나 규모가 큰 프로젝트를 시작할 때, 풀스택 개발자의 유무는 프로젝트의 흥망을 결정할 수 있을 정도로 굉장히 중요합니다.

그리고 일반적으로 생각하는 개발자가 아니더라도 충분히 다양한 길이 분명 있습니다. 연구를 실제로 수행하기 위해서도 개발 실력은 필수이고, 프로젝트 매니저 역시 개발에 대한 이해가 어느 정도 뒷받침되면 더욱 섬세하면서도 과감한 드라이빙이 가능합니다.

내용이 조금 길었습니다만, 결론적으로 제가 앞으로 갖게 될 커리어는 개발자로서의 '능력'을 입증하기 위한 노력을 기울이는 과정

---

53 공밀레 : '공돌이'+'에밀레'의 합성어다. 신규 프로그램을 하나 만들려면 개발자나 엔지니어들이 엄청난 야근과 철야를 반복하며 희생해야 한다는 의미가 담겨있다.

이 될 것 같습니다.

   이 책을 읽는 독자 중엔 아직 개발을 시작하지 않은 사람도 있을 것이고, 우왕좌왕하는 초보 개발자, 산전수전 공중전까지 겪은 개발자도 있을 것입니다. 무엇이 됐든 지금 이 순간에도 모든 개발자는 나름대로 시행착오를 겪으며 성장하는 중입니다. 그런 분들에게 이 책이 조금이나마 도움이 되었기를 바랍니다. 대한민국 모든 개발자의 오늘과 내일을 응원합니다.

이효석 드림

CTO 개발자가 바라는 성장하는 나의 모습

저에게 '컴퓨터'란 비싼 게임기를 지칭하는 용어였습니다만, 언제부턴가 소중한 밥벌이 수단이 되었습니다. 이런 걸 보면 사람 인생이라는 것이 알다가도 모르는 것이라는 생각이 듭니다.

제 나이가 올해 서른 살이니 코딩이라는 것을 처음 배운 지 이제 11년이 되었습니다. 하지만 서류상으로 증명 가능한 저의 경력은 1년 9개월입니다. 대학원을 다니고, 병역의 의무를 해결하고 오니 이렇게 되었네요.

1년 9개월. 경력이라 부르기에는 초라한 기간입니다. 따라서 CTO 직함을 달고 신기술을 만들어내고 있기는 합니다만, 개발자로서 제 커리어는 아직 주니어 수준에 불과합니다.

제가 지금까지 직장에서 쌓은 성과는 앱과 같은 상업용 소프트웨어 개발보다는 연구나 신기술 개발 목적으로 작성된 코드가 대부분입니다. 따라서 보통 경력직 개발자들은 "저는 xx 회사에서 xx 애플리케이션 제작에 참여했습니다."라고 자신 있게 자기소개를 하겠지만, 저는 제 성과를 논문과 특허의 개수로써 보여주고 인정받아야 하는 상황입니다. 코딩을 연구의 수단으로 사용하는 공학자의 길을 택했기 때문입니다.

따라서 제 커리어는 시간에 비례하여 성장하기는 힘들 것입니다. 때로는 연구 성과를 충분히 뽑아내지 못하는 시기도 있을 것이며, 반대로 대박이 날 수도 있을 테니까요. 노력과 운, 창의력과 집중력이 모두 요구되는 어려운 길을 택한 것은 아닌가 항상 두렵기도 합니다. 또한 신기술을 꾸준히 공부해야만 살아남을 수 있습니다. 도태되는 순간 경쟁력은 사라질 테니까요. 막상 글로 표현하다 보니 숨이 막히는 것 같네요.

그런데도 저는 제가 가려는 길이 무척이나 소중합니다. 지금까지 누구도 해결하지 못 했던 문제를 처음으로 해결하고, 보기 좋게 정리해서 남들에게 자랑하고 인정받는 과정이 무척이나 즐겁습니다. 저는 성취감에 중독된 사람이다 보니, 입으로는 불평하면서도 앞으로도 열심히 새로운 기술을 만들어내는 삶을 살아가려 합니다.

연구실적을 쌓아 올리는 것 외에는 박사학위 취득을 고민하고 있습니다. 스타트업 경영에 참여하는 사람으로서 온종일 대학원에서 연구하는 것은 불가능합니다만, 관련 법령이 개정되어 방송통신대학교를 비롯한 사이버대학교에서 박사과정 개설이 가능해질 예정이라는 뉴스 기사를 봤습니다. 집에서 원격으로 박사학위를 취득할 수 있다면 도전해 볼 생각이 있습니다.

단순히 박사라는 타이틀을 확보하는 것도 좋습니다만, 이왕이면 컴퓨터공학 분야를 제대로 공부해보고 싶은 욕심이 더 큽니다. 지금까지 제 연구 스타일은 도메인 지식[54]을 기반으로 코딩을 도구 삼아 연구 결과를 빠르게 만들어내는 방식이었습니다. 어찌 보면 전략적으로 움직인 것이기도 합니다만, 냉정하게 보자면 컴퓨터공학 분야의 지식이 부족했기 때문에 다른 선택지가 없었다고 할 수도 있겠습니다.

조금 더 전문성을 갖출 수 있으면 더욱 멋지고 재미있는 기술을 만들 수 있지 않겠나, 마냥 기대를 품고 있습니다.

항상 논문과 특허를 위한 기술, 서버에 숨어서 작동하는 프로그램만 개발하다 보니 사용자와 직접 상호작용할 수 있는 인터페이스에도 관심이 많아 프론트엔드 공부도 꾸준히 하고 있습니다.

책을 펼쳐놓고 공부하기보다는, 뭐라도 좋으니 연습 삼아 만들

---

54 도메인 지식 : 농업, 생명공학 등 IT 기술을 적용하려는 다른 분야의 지식

어 보며 실전을 통해 배우고 있습니다. 제가 처음으로 제작한 웹 페이지는 회사에서 사용할 자동 견적 작성 페이지입니다. 고객과 직접 대면하는 페이지이므로 실수가 용납되지 않는 환경입니다. 어찌 보면 배수의 진을 치고 공부를 한 셈이지요.

덕분에 실력은 정말 빨리 늘었습니다. 최근에는 리액트라는 프레임워크를 다루는 실력이 꽤나 능숙해졌습니다. 앞으로는 기술의 설계뿐 아니라, 일반인들이 기술을 체험하고 활용할 수 있도록 가공하는 방향도 고민하는 개발자가 되려 합니다.

이 노력의 하나로 암호화폐 자동 거래 시스템이나, 학술논문 정보 자동 분석 시스템과 같은 기능을 가진 애플리케이션을 만들어 보고 있습니다. 혼자 사용하는 소프트웨어는 멋이 없잖아요. 모두가 사용하는 애플리케이션이 정말 멋진 작품이고요.

마지막으로, 제가 가진 지식을 남들과 조금이라도 많이 나누려 노력하고 있습니다. 사람은 끼리끼리 모이기 마련입니다. 제가 아는 지식을 기꺼이 나누다 보면 저와 같이 지적 교류의 즐거움을 아는 사람들이 주변에 모이더군요. 덕분에 여러 분야의 전문가들로부터 생생한 경험담을 전해 들으며, 간접적인 성장을 적극적으로 체험하고 있습니다.

성장을 위한 제 노력은 다양한 분야의 체험이라는 짧은 문구로 요약할 수 있을 것 같네요. 연구자로서의 역량도 키워 나가면서, 다른 분야의 개발도 막힘없이 척척 해나갈 수 있는 일종의 변종 풀스택 개발자가 되는 것이 제 목표인 것 같아요.

공학자와 풀스택 개발자라는 두 마리 토끼를 모두 잡으려 하다니, 이 얼마나 사치스러운 욕심인가 싶어 조금 부끄러워지네요. 하지만 제가 원래는 생명공학 전공자라는 사실을 떠올리면 동시에 뿌듯함이 차오르기도 합니다. 맨땅에서 구르며 정말로 멀리까지 잘 왔구나 싶어요.

이 책의 마지막 장까지 함께한 독자분은 개발자라는 직업을 두고 나름의 고민을 거듭했을 가능성이 클 것 같습니다. 부디 제가 했던 고민, 제가 겪었던 실수들로부터 배운 것이 있기를 기대합니다. 저를 본받으라는 이야기가 아니라, 제가 했던 실패를 여러분은 겪지 않았으면 해서 드리는 말씀입니다. 제 마음 아시죠?

여러분의 선택과 결심을 응원합니다. 언젠가 업계에서 만나면 반갑게 인사해 주시기 바랍니다. 감사합니다.

반병현 드림

경력이 쌓인 뒤, 대기업으로 이직하려면?

경력기술서 작성 가이드

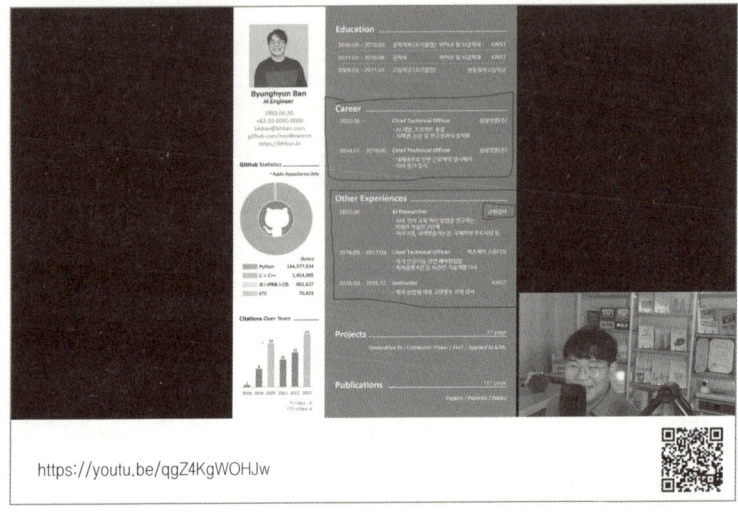

https://youtu.be/qgZ4KgWOHJw

채용 프로세스, 면접 및 연봉협상 전략

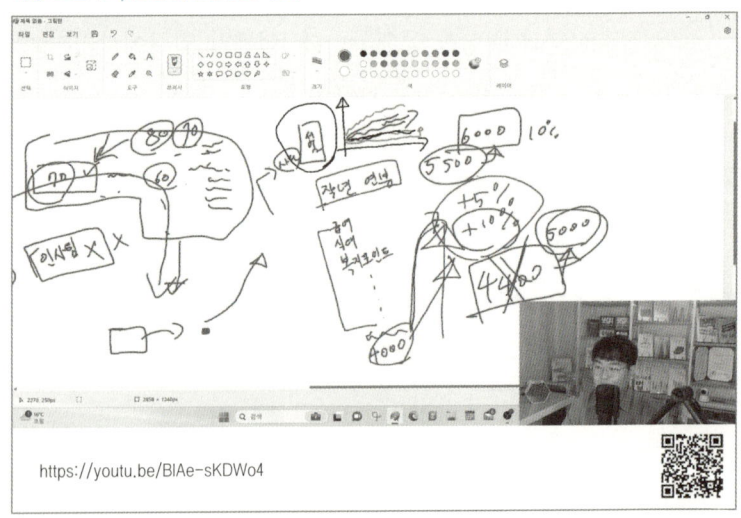

https://youtu.be/BIAe-sKDWo4

개발자 취업 이후의 커리어가 고민되시나요?
경력직 개발자의 대기업 이직에 대해 궁금하시다면 위 영상을 참고해주세요!